KB068961

자금세탁방지제도

CDD
Customer Due Diligence

고객확인제도
올바로 이해하기

이민섭 저

박영사

제가 FATF 의장을 수임한 지도 어언 10개월이 다 되어 갑니다.

자금세탁방지제도 도입의 역사가 비교적 짧은 우리나라가 대표적 선진국 금융기구인 FATF의 의장국 역할을 수행하게 된 것은 정부의 노력뿐만 아니라 금융회사 임직원들과 국민 여러분들의 적극적인 협조가 있었기에 가능했다고 생각합니다.

이에 따라 우리나라는 그동안 수동적 규칙 수용자 입장에서 벗어나 핵심 의사결정에 주도적으로 참여하는 규칙 제정자로서 국제사회에서의 위상을 제고하고 있습니다.

최근 국제사회의 심각한 현안으로 등장한 테러집단에 대한 자금조달 차단 방안마련의 선도적 역할과 함께 각국이 FATF 4차 라운드 상호평가를 성공적으로 수검하도록 하기 위한 길잡이 역할도 수행하고 있습니다.

또한 '16년 중 "FATF TREIN"이라는 FATF 공식 교육기관을 세계 최초로 부산에 설립함으로써 우리나라가 향후 자금세탁방지 관련 교육·연구의 중심지로 도약하게 될 것을 기대하고 있습니다.

이러한 때에 자금세탁방지 업무를 오랜 기간 담당해 온 저자가 FATF의 5개 핵심 권고 사항 중 하나인 CDD에 대한 전문서적을 발간한다고 하니, 개인적으로 매우 반갑고 의미 있는 일이라고 생각합니다.

본 서적의 발간이 우리나라 자금세탁방지제도 발전에 기여하길 바라며 향후에도 동 분야에 대한 여러분들의 전문적 연구가 더욱 활발해지기를 기대합니다.

2016년 4월

FATF 의장 신 제 윤

　　많은 분들이 심지어는 금융감독 당국의 관계자들조차 자금세탁방지제도 중 고객
확인제도(CDD)에 대해 금융실명제와 유사한 제도로 단순하게 생각하여 과소평가하
는 경우가 종종 있습니다. 반면 실무를 하시는 많은 분들은 동 제도가 너무도 복잡
하고 이해하기 힘들다며 해당 업무를 기피하려는 경향도 있습니다. 또한 일부 금융
고객들은 동 제도가 개인의 프라이버시를 심각하게 침해한다고 걱정하거나, 본인의
모든 신원 정보와 금융 관련 정보가 정부 측(특히 과세 당국)에 알려지는 것이 아닌
가 하며 과도하게 두려워하기도 합니다.

　　저자가 그동안 금융정보분석원(FIU)에 근무하면서 감독·검사기관 및 금융회사
직원들, 금융고객들로부터 문의 받거나 상담한 내용들도 고객확인제도와 관련된 것
이 가장 많았습니다.

　　우리나라에서 2006년 1월 시작된 고객확인제도는 2008년 12월 강화된 고객확인
제도(EDD)가 추가로 도입되면서 본격적으로 국제적 기준에 근접하게 됩니다. 당시
저자는 새로운 제도를 이행하는 과정에서 마주친 여러 실무적인 문의 및 애로사항을
접하면서, 제도에 대한 금융회사 직원들의 이해도를 높이고 검사의 기준을 정하는
데 도움을 주기 위해 『강화된 고객확인 Q&A 사례집』을 금융정보분석원 제도운영과
직원들과 함께 발간(2009년 9월)한 바 있습니다.

　　2012년 2월 자금세탁방지 국제기구(FATF)의 기준이 또 다시 강화되고 우리나라
에서도 자금세탁방지제도가 지속적으로 발전함에 따라 변화된 제도들과 함께 감독기
관에 근무하면서의 경험들을 모아서 고객확인제도 관련 사항들을 한번쯤 정리할 필
요가 있겠다는 개인적 의무감을 느껴온 것이 사실입니다. 또한 올해로 우리나라에
고객확인제도가 도입된 지 만 10년이 지난 시점임에도 동 제도에 대해 제대로 다루
고 있는 전문서적이 국내에 단 한 권도 없다는 점에서 본서를 발간한 의미가 있다고
하겠습니다.

고객확인제도는 자금세탁방지제도 중에서는 선구적으로 위험기반 접근법(Risk Based Approach)을 도입한 제도로서 기존의 금융 규제방식인 규정중심 접근법(Rule Based Approach)과는 큰 차별을 보이고 있습니다. 즉, 하나의 문제점에 대한 해결방안을 검토함에 있어 하나의 정답만이 존재하는 방식이 아닙니다. 따라서 규제자 및 감독자가 획일적 기준의 가이드를 제시하기가 점점 어려워지고 있는 분야이며, 금융회사 및 자금세탁방지 전문가들과 함께 대안을 고민해 나가야 할 분야입니다.

이에 따라 동 책자에는 그동안 저자가 금융감독원 등의 검사수탁기관 및 금융회사 실무자들과 함께 지속적으로 자금세탁방지제도를 보완·발전시켜오면서 개인적으로 느꼈던 부분들도 가능한 많이 기술하려고 노력하였으며, 이러한 사견을 밝힘으로써 더 많은 고민과 토론을 통해 다른 전문가분들과 합리적 발전방안을 함께 모색해 보고자 하는 의도가 포함되어 있습니다. 따라서 본 책자의 내용은 정부기관(금융정보분석원)의 공식적인 견해가 아님을 분명하게 밝혀둡니다.

대외 의존도가 높은 우리 경제의 특성상 대외 신인도의 제고는 필수적이며 이를 위해서는 금융거래의 투명성과 신뢰성을 담보하는 자금세탁방지 및 테러자금조달금지제도의 강화가 긴요합니다. 특히 최근 세계 각지에서 발생하는 테러의 위협은 동 제도의 중요성을 더욱 강조하고 있습니다.

세계 각국의 법적·문화적·경제적 환경이 다름에도 불구하고 자금세탁방지의 수준은 동일하게 가져가고자 하는 목적에 따라 FATF는 35개 회원국뿐만 아니라 전 세계 180여 개국에 대한 상호평가를 통해 각국이 FATF의 국제기준을 준수하고 있는지 점검하고 있으며, 이행이 취약한 국가에 대해서는 사실상 국제금융거래에 있어 엄청난 제약을 받도록 하고 있습니다. 이와 같이 FATF 권고사항은 금융을 넘어 세계적인 화두가 되고 있는 오늘날 가장 강력한 국제 기준 중에 하나이며, 우리 금융회사들도 자금세탁방지의무의 준수가 금융회사의 선택이 아닌 생존을 위한 필수사항이 되고 있음을 조속히 인식하여야 할 것입니다.

저자가 자금세탁방지 업무를 담당한 기간이 길어질수록 또한 공부를 하면 할수록 많이 부족했던 제 자신을 깨닫게 되어 부끄러운 감정과 함께 그동안 주변 분들이

베풀어 주신 격려와 도움에 새삼 감사한 마음을 갖게 됩니다. 바쁜 와중에도 본서에
대한 의견을 주신 이창주 회계사, 저와 과거 "알기쉬운 자금세탁방지제도"를 공동
발간하였던 분들, 바젤 CDD 영어 원문 번역을 도와주신 박민영 에디터 그리고 일일
이 언급하진 못하지만 업권별 작업반의 많은 분들과 FIU·금감원 AML팀을 거쳐 가신
선·후배분들께 깊은 감사의 말씀을 전합니다. 또한 본서의 편집 및 출판을 맡아주신
(주)박영사에도 감사드립니다.

모쪼록 동 책자가 감독·검사자들뿐만 아니라 금융회사 실무 담당자들의 자금세
탁방지업무(고객확인제도) 이해도 및 제도 이행 수준을 높이고, 아울러 우리나라 금
융산업의 투명성과 신뢰도를 제고하는 데 있어 작게나마 보탬이 되기를 바랍니다.

2016년 4월
저자 이민섭

∽ 차 례 ∽

제1장
고객확인제도의 개념

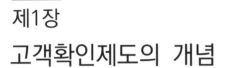

제1장
고객확인제도의 개념

1 고객확인제도의 정의

고객확인제도(Customer Due Diligence : CDD)란 금융회사가 고객의 신원 사항을 확인·검증하고, 해당 금융 거래의 목적, 거래 자금의 출처, 대리인 여부 및 실제 소유자 확인 등을 통하여, 자신이 제공하는 금융 거래 또는 금융 서비스가 자금세탁 등의 불법행위에 이용되지 않도록 하기 위해 고객에 대한 합당한 주의를 기울이는 제도를 말한다. 즉, 금융회사가 불법행위로부터 자신을 보호하기 위한 자기방어적 제도이다.

고객확인제도는 그동안 고객알기제도(Know Your Customer : KYC), 고객주의의무 등으로도 불려왔으나, 『특정금융거래 정보의 보고 및 이용 등에 관한 법률(이하 "특정금융거래보고법"이라 한다) 제5조의2 및 동법 시행령 제10조의2』상 정의에 따라 "고객확인의무제도"가 법적 공식 명칭이라 하겠다.

┃ 특정금융거래보고법령상 고객확인의 정의

법 제5조의2(금융회사 등의 고객확인의무)

① 금융회사등은 금융거래를 이용한 자금세탁행위 및 공중협박자금조달행위를 방지하기 위하여 합당한 주의(注意)로서 다음 각 호의 구분에 따른 조치를 하여야 한다. 이 경우 금융회사등은 이를 위한 업무 지침을 작성하고 운용하여야 한다. 〈개정 2014.5.28〉

　1. 고객이 계좌를 신규로 개설하거나 대통령령으로 정하는 금액 이상으로 일회성 금융거래를 하는 경우 : 다음 각 목의 사항을 확인

　가. 대통령령으로 정하는 고객의 신원에 관한 사항

　나. 고객을 최종적으로 지배하거나 통제하는 자연인(이하 이 조에서 "실제 소유자"라 한다)에 관한 사항. 다만, 고객이 법인 또는 단체인 경우에는 대통령령으로 정하는 사항

　2. 고객이 실제 소유자인지 여부가 의심되는 등 고객이 자금세탁행위나 공중협박자금조달행위를 할 우려가 있는 경우 : 다음 각 목의 사항을 확인

　가. 제1호 각 목의 사항

　나. 금융거래의 목적과 거래자금의 원천 등 금융정보분석원장이 정하여 고시하는 사항(금융회사등이 자금세탁행위나 공중협박자금조달행위의 위험성에 비례하여 합리적으로 가능하다고 판단하는 범위에 한정한다)

시행령 제10조의2(고객확인의무의 적용 범위 등)

① 법 제5조의2 제1항 각 호에 따른 확인(이하 "고객 확인"이라 한다)에 관한 의무는 금융거래에 적용된다. 〈이하 생략〉

　고객확인제도는 자금세탁방지 국제기구의 핵심 권고사항으로서 금융 선진국은 물론이고 우리나라를 포함한 전 세계 금융회사에서 필수적으로 운영하고 있는 제도이다.

2 고객확인제도의 연혁(발전 과정)

고객확인제도의 유래 및 발전 과정을 파악하는 것은 동 제도를 제대로 이해하는 데 있어 매우 중요하다. 제도가 도입된 시대적 상황과 도입의 취지를 정확히 아는 것이 감독기관 및 금융회사에서 제도를 구체적으로 적용하면서 발생하는 여러 가지 문제들을 합리적으로 해결하는 데 도움이 될 것이기 때문이다. 따라서 본 책자에서는 수행주체별로 정리되었던 기존의 타 연구들과는 달리 시대순으로 발전과정을 비교적 상세히 기술하고자 한다.

BIS(Bank for International Settlements : 국제결제은행) 산하의 은행감독에 관한 바젤위원회(Basel Committee on Banking Supervision)는 1988년 "자금세탁 목적을 위한 은행시스템의 범죄적 사용 방지를 위한 선언(The Prevention of Criminal Use of the Banking System for the Purpose of Money Laundering)"을 통해 금융회사가 "모든 고객의 신원을 확인"하기 위한 합리적인 노력을 기울일 것을 촉구하였다.

동 선언은 법적 구속력이 없는 윤리규범에 불과하였으나 이후 자금세탁 방지와 관련된 국제규범 및 각국의 법제에 커다란 영향을 미치게 된다.

1989년 G7 정상회의 합의에 따라 창설된 FATF(Finacial Action Task Force on Money Laundering : 자금세탁방지 국제기구)는 1990년 40개의 권고사항을 발표하였고, 동 권고사항에서 "고객신원확인(Customer Identification)"을 언급하였다.

당시의 FATF는 익명 또는 가명계좌 개설을 금지하기 위하여 고객의 신원 확인에만 중점을 두었다. 또한, 고객이 타인을 위해 거래하고 있다고 의심되는 경우에 한해, 누구를 대신한 거래인지 해당인의 신원 정보를 입수하기 위하여 금융회사가 합리적 절차를 취할 것을 권고하는 수준이었다.

이듬해인 1991년 유럽공동체이사회(오늘날 EU이사회)는 "자금세탁 목적을 위한 금융시스템의 사용 방지를 위한 지침(Directive on Prevention of the Use of the Financial System for the Purpose of Money Laundering : EU Directive)"을 제정(2001년 개정)하고 각 유럽 회원국에서의 입법을 의무화하였다.

동 지침에서는 금융회사가 계좌개설시 뿐만 아니라 15,000유로 이상의 금융거래를 하거나 자금세탁이 의심되는 경우에도 고객의 신원을 확인하도록 하였다.

1996년 FATF는 1990년의 권고사항을 개정하였다. 개정된 권고사항에서는 "법인 고객"의 신원확인 방법을 새롭게 언급하였는데, 이는 법인을 통한 자금세탁 위험성을 강조한 것으로 보인다. 금융회사는 필요한 경우 법인의 실제 존재 여부 및 법인 지배구조를 검증하여야 하며, 대리인의 경우에는 대리의 권한 및 대리인 신원도 검증하여야 한다고 규정하였다.

또한 40개 권고사항에 대한 주석서(Interpretative Notes to the forty rec-ommendations)를 통해 금융회사가 해당 법인의 정보를 제대로 입수하지 못하는 경우에는, 거래관계 수립이나 금융 거래시 특별한 주의를 기울이도록 하였다.

한편, 국제적인 규제가 시작되기 한참 전인 1970년 BSA(Bank Secrecy Act : 은행비밀법)를 제정·시행하면서 자금세탁(Money Laundering)이란 용어를 세계에서 처음 법적으로 사용하고 이에 대한 규제를 먼저 시작한 미국에서도, 1990년대 중반 프라이빗 뱅킹(PB)이 확산되자 고객을 올바로 알아야 자금세탁방지가 가능하다라는 판단에 따라 "고객알기정책(Know Your Customer)"을 권고하기 시작하였으며 1997년 BSA의 검사매뉴얼에 이를 포함시켜 사실상 의무화하였다.

1997년 바젤위원회는 "효과적 은행감독을 위한 핵심 원칙(The Core Principles for Effective Banking Supervision)"을 발표하면서 금융회사들이

FATF 권고사항을 이행하도록 금융감독당국에서 장려할 것을 권고하였다. 아울러 은행들이 범죄에 이용되는 것을 방지하기 위해 엄격한 고객알기(KYC) 정책과 절차를 마련하도록 규정하였다.

UN도 1998년 "UN 자금세탁방지를 위한 정치적 선언 및 행동계획"과 1999년 "테러자금조달 억제를 위한 국제협약(International Convention for the Suppression of the Financing of Terrorism)"을 총회에서 채택하고 금융회사가 고객의 신원확인을 위한 가장 효율적인 조치를 취할 것을 촉구하였다.

2000년에는 그동안 각국의 감독당국들이 주도하였던 자금세탁방지 국제기준을 민간 자율로 만들어보자는 취지에 따라 국제적 민간은행들이 연합하여 볼프스베르그(Wolfsberg) 그룹을 창설하였고, 이들에 의해 "프라이빗 뱅킹 관련 자금세탁방지 지침"이 제정되었다. 동 지침에서는 계좌개설시 고객뿐만 아니라 실제소유자(Beneficial Owner)에 대한 신원확인, 거래 목적과 자금 원천이 합리적으로 입증될 수 있는 고객만을 수용하기 위한 노력, 정치적 주요인물(Politically Exposed Persons : PEPs) 등 고위험 고객과의 계좌개설시 관리자의 승인을 받도록 하는 절차 등이 상세히 언급되었다. 이와 같은 볼프스베르그 그룹의 지침은 바젤위원회 지침 등과 함께 오늘날 고객확인제도의 확립에 크게 기여하였다.

2001년 바젤위원회는 "은행을 위한 고객확인제도(Customer Due Diligence for Banks)"라는 보고서를 발표하게 된다. 이는 1999년 바젤위원회가 실태조사를 통해 각국 은행들의 고객알기(KYC) 정책과 운영이 그동안 자신들이 제시한 권고기준에 비추어 상당히 미흡하다는 사실을 인지하였기 때문이었다.
이 보고서를 통해서 그동안의 고객신원확인(Customer Identification : CI)보다 넓은 개념인 고객확인제도(CDD)가 본격적으로 논의되기 시작하였다. 즉, "금융회사가 단순히 고객의 신원사항을 확인하는 것에만 머물지 않고 선량한 관리자로서의 주의 의무(Due Diligence)를 다하도록 요구"한 것이다.

바젤위원회의 고객확인제도는 ① 고위험 고객을 선별할 수 있는 고객수용 정책, ② 높은 수준의 고객신원확인, ③ 고위험 계좌 및 거래에 대한 지속적인 모니터링, ④ 내부감사 및 준법감시 등 위험관리 절차를 반드시 포함하도록 하였다.

2002년 볼프스베르그 그룹은 2000년 제정한 "프라이빗 뱅킹 관련 자금세탁방지 지침"을 강화하는 개정 작업과 함께 "환거래 계약(Correspondent Banking) 관련 자금세탁방지 지침"을 발표하였다. 동 지침에서는 은행이 환거래 계약의 위험을 감안하여 강화된 고객확인(Enhanced Due Diligence)을 수행하도록 하고, 실체가 없는 금융회사 및 위장은행(Shell Bank)과의 환거래 계약 체결을 금지할 것 등을 강조하였다.

2003년에는 은행을 위한 CDD 보고서를 발표한 바젤위원회, 보험분야 AML/CFT 지침을 발표한 국제보험감독기구(International Association of Insurance Supervisors : IAIS), 증권분야 자금세탁방지 원칙 보고서를 발표한 국제증권감독기구(International Organization of Securities Commissions : IOSCO) 등 각 금융업권의 국제적 감독기구가 합동 토론회를 개최하고 고객확인의무의 중요성에 대해 재차 강조하였다. 특히 동일 금융그룹에서 은행, 보험, 증권업을 함께 영위하는 경우에는 종합적 관리시스템을 갖추도록 권고하였다.

마침내 FATF도 2003년 6월 고객확인제도(CDD)라는 표현을 권고사항에 처음으로 사용하였으며, 고객확인제도 관련 사항을 대폭 반영한 새로운 40개 권고사항을 발표하게 된다. 고객확인 이행 시기, 실제 소유자의 신원확인, 지속적인 고객확인, CDD 미이행시 거래거절 및 기존 거래 종료 의무, 정치적 주요인물·환거래 계약 등 고위험 고객에 대한 강화된 고객확인, 제3자를 활용한 고객확인 등 고객확인제도 운영과 관련된 사항을 새로이 구체적으로 나열하였다. 또한 금융회사가 아닌 변호사, 회계사, 부동산 중개인,

귀금속상, 카지노사업자 등 특정 비금융사업자 및 전문직(Designated Non-Financial Business and Professions : DNFBPs)에 대해서도 일정 수준의 고객확인의무를 부과하였다. FATF는 고객확인제도 이행을 FATF 회원가입을 위한 6대 핵심권고사항으로 지정하고 그 중요성을 강조하였다.

FATF는 가장 최근인 지난 2012년 권고사항을 다시 개정하여 "금융회사가 고객확인을 이행하여야 하는 원칙은 법률로 규정하여야 한다"고 명시하고, 생명보험 수익자 및 실제 소유자에 대한 CDD도 강화하였다. 또한 외국의 정치적 주요인물(PEPs)뿐만 아니라 국제기구 및 국내의 정치적 주요인물에 대해서도 강화된 고객확인을 이행하도록 권고하였다.

이처럼 고객확인제도는 바젤위원회, FATF, EU이사회, UN 등의 국제기구 및 미국 등 금융선진국의 감독당국, 볼프스베르그 등 민간자율기구들이 상호 지속적으로 영향을 주고받으며 발전하여 왔다.

우리나라는 2003년 6월 개정된 FATF 국제기준의 준수를 위해 2005년 1월 17일 특정금융거래보고법의 개정을 통하여 동 제도를 도입하였으며, 1년의 준비기간을 거쳐 2006년 1월 18일부터 시행하였다.

당시의 고객확인제도는 이미 금융실명법이 정착되어 있었던 상황에서 비교적 순조롭게 도입되었으나, 모든 고객 및 거래에 대해 획일적으로 고객의 신원을 확인하도록 함으로써 고객의 유형 및 금융 상품, 지역 등의 위험도에 기반하여 차등화된 방식으로 동 제도를 운영하도록 한 국제기준에는 미치지 못하였다.

따라서 정부는 당시 2009년으로 예정되어 있던 우리나라의 FATF 정회원 가입과 상호평가 수검을 위하여 2007년 12월 21일 다시 법을 개정하였고, 2008년 12월 22일부터 강화된 고객확인제도로 변경·시행되어 오늘에 이르고 있다.

또한 2012년 3월 21일 금융회사의 CDD 위반에 대한 제재를 명확히 한 법 개정(2013년 3월 22일 시행)과 2014년 5월 28일 실제 소유자 확인 제도 도입, 고객확인을 거부한 고객에 대한 신규거래 거절 및 기존 거래관계 종료 등의 고객수용정책을 반영한 법 개정(2016년 1월 1일 시행)이 이루어짐으로써 우리나라도 고객확인제도와 관련된 주요 국제기준을 대부분 충족하게 되었다.

③ 고객확인제도의 필요성

가. 금융회사의 건전성 확보

고객확인제도는 자금세탁방지 및 테러자금조달금지의 목적뿐만 아니라 금융회사의 건전성과 안전성의 제고를 위해서도 필수적이다. 예를 들어 은행이 고객확인을 소홀히 하여 범죄행위로 조성된 고객의 불법재산을 담보로 거액의 대출을 실행하였고, 이후 법원에 의해 동 재산이 압류·몰수되는 경우에 은행의 건전성에 직접적인 악영향을 미치게 될 것이다.

사실 2001년 은행을 위한 CDD 보고서를 발표한 바젤위원회의 기본적 관심사항도 자금세탁방지 자체보다는 은행의 건전성을 확보하는 것이었으며, 이를 위해서 고객확인제도가 필수적인 요소임을 강조하고 있다.

금융회사가 적절한 고객확인을 이행하지 않는 경우 금융회사는 평판 위험, 운영 위험, 법률 위험, 편중 위험 등에 노출되어 금융회사의 존립과 관계되는 심각한 문제에 직면할 수도 있다. 은행의 건전성 확보와 깊은 연관성을 가진 이들 위험에 대한 구체적 내용 및 고객확인제도의 중요성은 다음의 바젤위원회 보고서(2001)를 반드시 참조하기 바란다.

▎은행을 위한 고객확인제도(CDD) 보고서 : 바젤위원회

3. 고객알기제도(KYC)는 FATF의 핵심 분야인 자금세탁 방지와 가장 밀접하게 관련되어 있다. 본 위원회의 의도는 FATF의 노력과 중복되고자 함이 아니다. 대신 우리는 폭넓은 건전성 측면에서 관심이 있다. 건전한 KYC 정책과 절차는 은행의 안전성과 건전성 및 은행 시스템의 완전성(integrity)을 보호하는데 중추적인 역할을 담당한다. 바젤위원회와 OGBS(역외은행감독기구)는 특히 은행과 관련된 FATF 권고사항의 채택과 이행을 지속적으로 강력히 지지하며, 이 보고서의 기준과 FATF 권고사항이 모순되지 않도록 할 것이다. 〈이하 생략〉

4. 바젤위원회의 KYC에 대한 접근방식은 자금세탁방지뿐만 아니라 폭넓은 건전성 측면에서 출발한다. 건전한 KYC 절차는 효과적인 은행 위험 관리에 필수적인 요소로 인식되어야 한다. KYC는 단순히 신규계좌 개설과 기록 보존을 넘어, 고위험 계좌에 대한 보다 광범위한 주의 의무와 의심되는 활동에 대한 선제적 계좌 모니터링을 포함하는 은행의 고객수용정책 및 단계적인 고객 신원확인 프로그램이 요구된다.

5. 바젤위원회는 시장의 완전성에 대한 우려에서부터 건전한 KYC 기준에 관심을 가지게 되었고, 적합한 절차를 적용하는데 있어 주의 의무를 태만히 하였던 은행들에서 직·간접적인 손실이 발생함에 따라 관심이 더욱 커졌다. 이들 은행들이 효과적인 KYC 프로그램을 유지하고 있었다면 이러한 손실들을 회피할 수 있었을 것이며, 심각한 은행의 평판 손상도 줄일 수 있었을 것이다.

7. 엄격한 CDD 기준에 대한 필요성은 은행에만 국한되지 않는다. 바젤위원회는 모든 비은행 금융회사와 변호사·회계사 등 금융서비스 중개 전문가들을 위해 유사한 지침이 발전될 필요가 있다고 믿는다.

9. 건전한 KYC 절차는 다음과 같은 점에서 은행의 안전성 및 건전성에 특히

관련이 깊다.

· 은행이 금융범죄의 도구나 피해자가 되어 그에 따른 평판 손상을 입을 가능성을 줄임으로써 은행의 평판과 은행 시스템의 완전성을 보호하는데 도움이 된다.

· 건전한 위험 관리의 핵심적인 부분을 구성한다.(예를 들면 신원확인을 위해 기본 정보를 제공함으로써 운용자산을 포함한 자산과 부채가 위험에 노출되는 것을 제한하고 통제함)

10. 은행은 KYC 기준이 부적절하거나 없는 경우에 심각한 고객 및 거래 상대방 위험, 특히 평판, 운영, 법률, 편중 위험들에 노출될 수 있다. 이 모든 위험들은 서로 연관되어 있음에 주목할 필요가 있다. 그러나 이 중 어느 하나의 위험만으로도 은행은 문제 해결에 막대한 시간과 에너지를 쏟아야 할 뿐만 아니라 엄청난 금융 비용이 발생할 수 있다.(예를 들면 고객의 자금 인출, 은행간 신용 단절, 소송, 조사 비용, 자산 압수와 동결 및 대출 손실)

11. 은행은 사업의 성격상 예탁자, 채권자 및 일반 시장으로부터의 신뢰가 필수적이므로 **평판 위험**은 은행에 커다란 위협이 된다. 평판 위험은 은행이 영업활동과 관련하여 부정적인 평가를 받으면 그것이 사실이든 아니든 은행의 완전성에 대한 신뢰를 상실하게 될 수 있는 위험을 말한다. 은행이 평판 위험에 특히 취약한 이유는 은행이 고객들에 의한 불법 활동의 수단이나 피해자가 되기 쉽기 때문이다. 따라서 은행은 효과적인 KYC 프로그램을 통해 지속적으로 이를 경계함으로써 자신을 보호할 필요가 있다. 운용자산이나 수탁자산은 특히 평판 위험에 노출될 수 있다.

12. **운영 위험**은 부적절하거나 잘못된 내부 절차, 인력, 시스템 또는 외부의 사건들로부터 초래되는 직·간접적 손실의 위험으로 정의된다. KYC 측면에서 보면 대부분의 운영 위험은 은행 프로그램 이행의 취약성, 비효과적인 통제 절차와 선관주의 의무(due diligence)를 이행하지 않은 것과 관련이 있다. 운영 위험을 효과적으로 관리하지 못하는 은행이라는 대중의 인식은

해당 은행 업무에 지장을 주거나 부정적 영향을 초래할 것이다.

13. **법률 위험**은 실행이 불가능한 것으로 판명된 소송이나 패소 또는 계약들이 은행의 운영 등에 지장을 주거나 부정적 영향을 미칠 수 있는 가능성을 말한다. 은행은 필수적인 KYC 기준을 준수하지 않거나 선관주의 의무를 이행하지 않음으로 인해 소송을 당할 수 있다. 이에 따라 은행은 벌금을 부과받거나 형사 책임을 질 수 있고, 감독기관이 부과하는 특별 벌금을 부과받을 수도 있다. 은행이 연루된 소송에서는 단순히 법적 비용만이 아니라 영업과 관련된 훨씬 큰 비용이 발생할 수 있다. 만약 은행이 고객의 신원확인과 고객의 사업에 대해 주의 의무를 다하지 않는다면 법률 위험으로부터 효과적으로 자신을 보호할 수 없을 것이다.

14. **편중 위험**에 대한 감독기관의 관심은 대부분 재무상태표(대차대조표)의 자산 계정에 적용된다. 일반적으로 감독기관은 은행이 여신 편중을 식별하는 정보 시스템을 갖출 뿐만 아니라 은행의 위험 노출을 제한하기 위해 단독 대출자나 대출자 관련 그룹에 건전한 한도를 설정할 것을 요구한다. 고객이 누구인지, 다른 고객들과의 관계가 무엇인지를 은행이 정확히 파악하지 못한다면 편중 위험을 측정하는 것이 불가능할 것이다. 이는 특히 연관된 거래 상대방들 및 연계 대출의 맥락에서 관련이 있다.

15. 부채의 측면에서 편중 위험은 특히 거액 예탁자의 조기 인출 및 갑작스런 자금 인출과 같이 은행의 유동성에 잠재적 악영향을 주는 등의 자금 조달 위험과 밀접한 관련이 있다. 자금 조달 위험은 대규모 은행보다는 도매 금융 시장에서 영업이 활발하지 못한 소규모 은행에서 더 높을 것이다. 은행은 수신 편중을 분석하기 위해서 예탁자의 신원뿐 아니라 타 예탁자들과 얼마나 연관된 행동을 보이는가를 포함하여 예탁자들의 특성을 파악해야 한다. 소규모 은행의 부채 관리자는 거액 예탁자를 파악하는 것 뿐만 아니라 긴밀한 유대 관계를 유지해야 한다. 그렇지 않으면 중요한 시기에 자금을 잃게 되는 위험에 직면할 수 있다.

17. 바젤위원회와 OGBS는 전 세계 모든 은행에서 효과적인 KYC가 리스크 관리 및 내부 통제 시스템의 일부가 되어야 한다고 전적으로 확신한다. 감독기관은 은행이 고객을 적절히 파악할 수 있도록 최소 기준과 내부 통제 시스템을 갖추게 할 책임이 있다. **업계 단체나 연합회에서 발행하는 자율적 행동 규약은 은행의 운영 문제에 대한 실질적인 조언을 제공함으로써 규제 지침을 보완하는 상당한 가치가 있다고 하겠다. 그러나 이러한 행동 규약이 공식적인 규제 지침을 대체하는 것으로 간주될 수는 없다.**

19. 모든 은행은 "높은 윤리적·직업적 기준을 장려하고, 고의든 아니든 범죄로부터 은행이 이용당하는 것을 방지하기 위하여 적절한 정책, 업무 지침과 절차를 갖추도록 의무화"되어야 한다. 은행이 KYC 프로그램을 설계할 때는 특정 핵심 요소들이 포함되어야 한다. 그러한 필수 요소는 은행의 위험 관리와 통제 절차로부터 시작되어야 하며, (1) **고객 수용 정책**, (2) **고객 신원 확인**, (3) 고위험 계좌에 대한 **지속적인 모니터링**과 (4) **위험 관리**가 포함되어야 한다. 은행은 고객의 신원을 확인해야 할 뿐만 아니라 고객이나 계좌 유형과 맞지 않는 거래를 판단하기 위해 계좌 활동을 모니터링 해야 한다. KYC는 은행의 위험 관리와 통제 절차의 가장 중요한 요소가 되어야 하며, 정기적인 준법 감시팀의 검토와 내부 감사를 통해 보완되어야 한다. 이러한 필수 요소 외에 KYC 프로그램의 강도는 위험의 정도에 비례해야 한다.

나. 의심거래보고(Suspicious Transaction Report : STR)제도의 효용성 제고

금융회사가 효과적인 고객확인제도 운영을 통하여 고객의 직업이나 고객이 영위하는 사업에 대한 정보를 취득하고 금융거래의 성격과 목적, 자금의 출처 등에 대한 이해도가 높다면, 이후 모니터링을 통해 규모가 크거나 비정상적인 유형의 금융거래가 발생하였을 때 해당 거래가 의심되는 거래인지

의 여부를 판단하는 데 있어 매우 도움이 될 것이다. 뿐만 아니라 금융정보
분석원(Financial Intelligence Unit : FIU)에 보고하는 STR의 충실성 또한 매
우 높아질 것이다.

이는 계좌개설 등을 위한 CDD 수행을 위해 금융회사 직원들이 고객들
로부터 정보를 취득하는 과정에서 고객의 답변이나 창구에서의 행동·태도
등을 통해 의심되는 정황을 인지하는데도 큰 도움이 되기 때문이다.

혹자는 이러한 STR 제도에의 효용성 때문에 CDD 제도를 '국가사무의 금
융회사 위탁업무'로만 보는 시각을 가지고 있다. 그러나 이는 제도의 한쪽
측면만을 바라보는 매우 편협한 시각이라 할 수 있으며, 앞에서 살펴본 바
와 같이 금융회사 스스로 건전성을 확보하고 여러 위험을 회피하기 위한 자
기방어적 측면[1]을 전혀 고려하지 않은 것이라 하겠다.

다. 필수적 국제기준 준수에 따른 대외 신인도 확보

바젤위원회의 CDD 보고서 및 FATF 권고사항은 고객확인제도를 세계의
모든 금융회사가 필수적으로 이행해야 하는 제도로 규정하고 있다. 특히
FATF는 FATF의 권고사항을 시행하지 않거나 불충분하게 시행하는 국가의
금융회사 및 고객과는 사업관계 수립 및 거래에 특별한 주의를 기울이도록
하고, 성명서(Statement)를 통해 발표된 고위험 국가의 금융회사 및 고객에
대해서는 대응조치(거래 거질 등)를 취하도록 각국에 요구하고 있다. 따라서
고객확인제도를 충실히 이행하지 않는 국가의 경우 대외 신인도가 추락할
수밖에 없으며, 국제 금융거래에 있어 커다란 장애가 될 것이다.

라. 금융환경 변화에 능동적 대응

FATF 국제기준 등의 변화, 핀테크(FinTech) 및 전자금융 등 비대면 금융

---

1) 특히 최근 FATF 뿐만 아니라 선진 각국의 글로벌 금융회사에서 이슈가 되고 있는 위험
회피(de-risking) 현상을 감안할 때 더욱 그러하다.

거래의 발달, 자금세탁 수법의 고도화 및 다양화 등 계속적인 금융환경 변화에 대응하여 자금세탁의 위험을 감소시키기 위해서는 금융회사가 스스로 고객 또는 금융거래의 자금세탁 위험을 평가하고 위험에 상응하는 차별화된 고객확인제도를 운영할 필요가 있다.

4 고객확인제도와 개인의 프라이버시권[2]

자금세탁방지를 위한 고객확인제도의 시행이 개인의 프라이버시를 침해할 우려에 대해 가끔 언급하시는 분들이 있다. 금융회사 직원이 고객의 실지명의(성명과 실명번호), 주소, 연락처를 파악하고, 직업이나 심지어는 거래의 목적과 자금의 원천(출처)을 질문하는 경우 고객입장에서는 자신의 프라이버시가 심각하게 침해당한다는 느낌을 받게 되어 이에 대한 대답을 주저하거나 화를 내는 경우가 발생할 수 있다. 또는 고객확인정보를 모두 제공하였으나, 이후 동 정보를 금융회사가 국가기관에 무분별하게 제공하거나 마케팅 목적으로 사용하거나 고객확인정보 관리부실로 인해 외부로 누출되는 것이 아닌지 우려하는 경우도 있다.

우리는 이러한 우려에 대해 금융회사 내부 직원이 고객정보를 유출하여 고객의 신뢰를 잃은 금융회사가 어떠한 위급한 상황에 놓였었는지 지난 몇 년간의 국내·외 사례들을 통해서도 충분히 인식하고 있다.

다른 어떠한 사업분야보다도 고객의 신뢰를 기반으로 성립되는 것이 금융산업이다. 만약 고객이 맡긴 돈을 금융회사가 안전하게 보관하고 이자를 지급하고 필요할 때 인출할 수 있다는 믿음이 없다면 누가 금융회사와 금융거래를 하려 하겠는가? 이러한 금융회사의 무결성(integrity)을 전제로 우리는 금융회사에 우리의 소중한 재산을 맡겨놓고도 불안해하지 않고 잠을 청할 수 있는 것이다.

---

2) 이장영, 강임호, 이상제, 『고객주의의무 도입방안 연구』, 한국금융연구원, 2003.8. 참조.

금융회사가 금융범죄에 쉽게 노출되어 고객의 재산을 안전하게 보호하지 못하고 큰 손실을 입거나 테러자금의 중간 경유지로 활용되어 국내뿐 아니라 국제사회에서 제재를 받게 된다면 금융산업이 성립·발전할 수 없을 것이다. 따라서 이를 예방하기 위해 금융회사는 고객이 누구인지, 범죄나 테러자금조달 목적의 거래를 하는 것이 아닌지 확인하는 절차를 갖출 수밖에 없는 것이다.

또 하나 인식해야 할 점은 고객확인제도가 도입되기 이전에도 우리는 이미 개인 프라이버시의 많은 부분을 금융회사에 의지하고 있었다는 점이다. 우리의 급여가 매월 얼마인지, 언제 입금되는지, 누구에게 얼마를 송금하고 누구로부터 얼마를 송금받고 있는지, 어떠한 주식을 얼마에 사서 얼마에 팔았는지, 신용카드로 언제 어느 곳에서 식사를 하고 주로 어떤 물품을 구매하는지, 어떠한 병원을 가서 치료를 받고 있는지 등등 개인적으로 민감할 수 있는 정보가 이미 금융회사에 제공되어 왔다는 사실이다. 이러한 정보가 누출되었을 때 고객뿐만 아니라 금융회사가 입게 될 손실은 그야말로 치명적일 수밖에 없을 것이다.

이러한 개인 프라이버시의 보호를 위하여 금융실명법은 실명으로 금융거래를 하도록 강제하는 대신에 엄격한 금융비밀 보호를 함께 규정하고 있는 것이다. 이밖에도 신용정보법, 개인정보보호법 등 금융회사 임직원이 고객정보를 누설하는 것은 법으로 엄격히 금지되고 있다. 아울러 고객확인정보는 고객 마케팅 등의 목적이 아닌 자금세탁방지 목적으로만 관리되고 있으므로 프라이버시 침해 우려는 더욱 제한된다고 할 것이다.

마지막으로 고객확인(CDD)제도는 의심거래보고(STR)제도나 고액현금거래보고(CTR)제도와 달리 금융회사가 정부기관에 보고하는 제도가 아니라는 점이다. 즉, 금융회사가 고객확인을 통해 확보한 정보는 외부에 제공하는 것이 아니라 자금세탁 위험관리차원에서 금융회사가 자체적으로 보관하는 것이다. 물론 이렇게 보관된 고객정보의 일부가 의심거래보고시 함께 제공될 수는 있겠으나 이는 불법거래의 근절을 위해 필수불가결한 것이라 할 것이다.

오히려, 비정상적 패턴의 금융거래가 발생하여 금융회사가 의심거래보고를 해야할지 여부를 판단할 때, 보관된 고객의 직업이나 거래 목적, 자금 출처 등의 정보를 활용하여 분석한 결과 해당거래를 고객의 정상적인 거래로 판단하여 보고하지 않는 경우와 같이 선량한 고객의 금융거래 정보를 보호하는 역할을 기대할 수도 있는 것이다.

5 고객확인제도와 금융실명법과의 차이

앞에서 살펴본 바와 같이 자금세탁방지제도는 전 세계적으로 고객이 누구냐 하는 고객신원확인(Customer Identification)제도에서 출발하여, 그 고객이 무슨 목적으로 어떠한 자금으로 금융거래를 하는 것이며, 해당 고객 및 금융거래의 자금세탁 위험도가 높은지 또는 낮은지 그리고 계좌개설(거래관계 수립) 이후에도 금융회사에서 확보한 정보와 실제 발생하는 금융거래의 성격이 일관되고 일치하는지 모니터링하는 과정을 모두 포함한 개념인 고객확인의무(Customer Due Diligence)제도로 발전하였다.

반면, 금융실명법상 금융실명확인은 고객신원확인 정보의 일부인 성명, 주민등록번호, 그리고 실명확인증표 사진의 일치 여부까지만 확인(2015년까지는 금융실명법 유권해석에 의해 대면으로 확인[3])하는 제도로서 국제적인 기준이 마련된 제도가 아니다.

이는 우리나라의 강력한 주민등록번호 체계에 기반하여 국제적인 기준이었던 고객신원확인제도를 변형해서 간소한 형태로 도입한 것으로 보인다.

---

3) 2015년 인터넷 전문은행 설립 등을 위한 비대면 금융실명 확인제도 도입에 따라 반드시 대면으로 실명을 확인하도록 한 금융실명법상 유권해석은 변경되었음.

이러한 금융실명확인이나 고객신원확인은 금융거래를 하려는 자가 실제 명의 당사자가 맞는지에만 초점이 맞춰져 있을 뿐 명의인이 금융거래를 통해 자금세탁이나 테러자금조달을 하려고 하는지, 금융거래를 하는 자금이 불법재산이 아닌지, 타인을 대신하여 거래하는 것은 아닌지 등까지 확인하는 고객확인제도와는 근본적인 차이가 있다고 하겠다.

금융실명법 관행에 익숙한 우리나라의 금융회사 임직원 및 금융고객에게 국제기준의 자금세탁방지제도 특히 고객확인제도는 적용 범위 또는 시행 방법 등이 달라 혼란을 초래하는 경우가 종종 있고, 서로간에 다소 상충되는 부분도 있어서 금융민원이 발생하기도 한다. 금융실명확인제도와 고객확인제도의 상충 문제 등은 뒤에서 다시 한번 자세히 다루도록 하겠다.

제2장
고객확인제도(CDD)의 적용

제2장
고객확인제도(CDD)의 적용

이번 장에서는 금융회사가 고객확인제도를 실제로 이행함에 있어 유의해야 할 사항, 법적 근거, 관련 FATF 국제기준 등에 대해 검토해 보고자 한다. 검토의 방법은 FATF 권고사항 및 기술적 평가방법론의 순서에 따른다.

FATF의 권고사항은 세계적인 자금세탁방지 전문가들과 법률가들, 각국 정부를 대표하는 업무 담당자들이 수많은 검토를 통해 만든 조항이므로 이러한 내용을 상세히 이해하는 것은 금융회사 직원들이 고객확인제도를 실제 적용하고 응용하는 데 있어 원칙을 정립할 수 있도록 하고, 감독·검사자에게는 검사의 기준을 수립하는 데 많은 도움이 될 것이다.

1 익명 계좌(Anonymous accounts) 개설 금지

FATF 국제기준에서 CDD(권고사항 10)와 관련한 첫 번째 내용은 "금융회 사는 익명(匿名) 또는 가명(假名)·허명(虛名) 계좌의 개설을 금지하여야 한 다"는 것이다. 즉, 고객확인제도의 시작은 실제 존재하지 않는 자의 이름으 로 금융거래를 하는 것을 막는 것에서부터 시작한다.

이와 관련하여 국내 법에서는 FATF의 요구와 같이 "익명 또는 가명·허 명 계좌의 개설을 금지한다"는 명시적 표현을 하고 있지는 않으나, 금융실 명법에서 고객이 실명(實名, Real Name)으로 금융거래를 하도록 요구(금융실 명법 제3조 제1항)하고 있음에 따라 사실상 익명 계좌 및 가명·허명 계좌는 금지되고 있다.

2 CDD를 이행해야 하는 경우

FATF는 금융회사가 CDD를 이행하여야 한다는 원칙은 반드시 각국의 『법률』로 규정할 것을 요구하고 있다. 즉, 시행령, 시행규칙, 고시 등의 하 위 규정이 아닌 법률로써 고객확인의무를 부과하도록 엄격히 요구하고 있는 것이다.

이에 따라 우리나라도 특정금융거래보고법 제5조의2에서 다음의 경우 CDD를 이행하도록 명시하고 있다.

---

① 고객4)이 계좌를 신규로 개설하거나
② 대통령령으로 정하는 금액 이상으로 일회성 금융거래를 하는 경우
③ 고객이 실제 소유자인지 여부가 의심되는 등 고객이 자금세탁행위나 공중협박 자금조달행위를 할 우려가 있는 경우

---

4) 특정금융거래보고법 제5조의2에서 언급하는 고객은 동법 제4조 제1항 제2호에서 "금융거 래의 상대방"과 같은 의미.

또한 시행령 제10조의6 제2항 단서에서 다음과 같이 규정하고 있다.

---

④ 기존의 (고객)확인사항이 사실과 일치하지 아니할 우려가 있거나 그 타당성에 의심이 있는 경우에는 고객확인을 하여야 한다.

이는 FATF 국제기준에서 CDD를 이행해야 한다고 정하는 아래의 기준을 대부분 충족하고 있다.

(FATF 권고사항 10)

금융회사는 다음과 같은 때에 CDD 절차를 이행하여야 한다.

(a) 거래관계(business relation)를 수립하는 경우
(b) 다음의 일회성 거래(occasional transaction)를 하는 경우 :
  (ⅰ) 기준 금액(USD/EUR 15,000)을 초과하는 일회성 금융거래(연결된 것으로 보이는 여러 건의 거래를 합산)
  (ⅱ) 권고사항 16 및 주석서에 해당하는 일회성 전신송금 거래
  (ⅲ) 자금세탁 또는 테러자금조달이 의심되는 경우
  (ⅳ) 금융회사가 기존에 확보한 고객신원정보의 진위나 타당성이 의심되는 경우

그러나 우리나라는 아직 일회성 금융거래 중 FATF 권고사항 16 및 주석서에서 언급하고 있는 USD 1,000 이상의 전신송금[5]을 수행할 때 고객확인을 하여야 한다는 기준((b)의 (ⅱ) 기준)은 준수하지 못하고 있다. 다만, 2010년 제정한 『자금세탁방지 및 공중협박자금조달금지에 관한 업무규정(이하 "업무규정"이라 한다)』 제24조 제3항[6]에서 고객확인은 아니지만 금융

---

5) 특정금융거래보고법 제5조의3 : 전신송금이란 송금인의 계좌보유 여부를 불문하고 금융회사 등을 이용하여 국내외의 다른 금융회사등으로 자금을 이체하는 서비스를 말함.
6) 금융회사 등은 제45조에 따른 100만원 초과의 전신송금거래가 발생하는 경우 송금자의 성명, 주민등록번호, 수취인의 계좌번호를 확인하여야 한다.

실명법에 따라 100만원 초과의 일회성 거래에 대해 금융실명확인이 이루어
지고 있는 현실을 감안하여 동 권고사항의 일부를 반영하고 있을 뿐이다.
향후 특정금융거래보고법 시행령 개정[7]('16년 중 예상)을 통하여 동 권고도
완전하게 충족될 것으로 기대하고 있다.

가. 계좌의 신규 개설

특정금융거래보고법 시행령 제10조의2 제2항은 "계좌 신규 개설이란 금
융거래를 개시할 목적으로 금융회사등과 계약을 체결하는 것"으로 규정하고
있다. 이는 국제기준에서 말하는 "거래 관계(business relation)의 수립"을 의
미한다. 즉, 금융회사와의 거래 관계 수립 과정에서 금융회사는 거래 요청자
의 정보를 확인·검증한 후 해당 금융회사의 "진정한 고객"으로 수용하는 것
을 결정하게 되는 것이다.

여기서의 계좌[8]란 통상적인 계좌뿐만 아니라 금융회사와 고객 간의 다
른 유사한 거래 관계를 포함하는 것으로 해석되어야 한다. 우리 특정금융거
래보고법상 한계[9]에 따라 금융회사와 고객 간의 모든 계약관계를 포함한다
고 해석하기는 어려운 경우도 발생할 수 있겠으나, 영국의 자금세탁방지규
정(JMLSG)에서 "거래 관계"를 금융회사와 고객 간의 모든 사업 관계, 업무
관계, 상업 관계를 포함한다고 언급하면서, "실제 거래 여부는 거래 관계를
정의하는 데 있어 필수적인 것이 아니며, 금융회사가 고객에게 자문을 제공
하는 것도 거래 관계가 성립했다고 볼 수 있다"라고 규정하고 있음을 참고
할 필요가 있다.

---

7) 시행령 제10조의3(일회성 금융거래의 금액) 제1항에 1백만원(USD 1,000)을 초과하는 전
   신송금 형태의 일회성 금융거래를 제3호로 추가하는 개정안.
8) 미국의 BSA 고객확인프로그램에 따르면 "계좌"란 상품, 서비스 등을 제공하기 위한 은행
   과의 공식적인 관계를 의미하여, 예금계좌, 거래계좌, 신용계좌, 신용확장 등을 포괄한다.
   또한 대여금고, 보관 서비스 등을 제공하거나 현금관리, 보관, 신탁서비스를 제공하는 것
   도 계좌에 해당된다고 규정하고 있다.
9) 계좌의 신규개설의 정의, 금융거래의 정의에 따른 한계.

우리나라는 계좌의 신규 개설에 해당하는 구체적 예시 등을 업무규정 제 22조에서 다음과 같이 열거하고 있다.

업무규정 제22조(계좌 신규개설) 법 제5조의2 제1항 제1호 및 영 제10조의2 제 2항에 의한 '계좌의 신규 개설'은 다음 각 호를 포함한다.
 1. 예금계좌, 위탁매매계좌 등의 신규 개설
 2. 보험·공제계약·대출·보증·팩토링 계약의 체결
 3. 양도성 예금증서, 표지어음 등의 발행
 4. 펀드 신규 가입
 5. 대여금고 약정, 보관어음 수탁
 6. 기타 영 제10조의2 제2항에 따른 금융거래를 개시할 목적으로 금융회사등과 계약을 체결하는 것

금융회사는 "계좌의 신규개설"에 해당하는 경우에는 금융거래 금액에 상관없이 CDD를 수행하여야 한다. 예를 들면 CDD가 이행되지 않은 고객이 은행을 방문하여 1천만원짜리 표지어음을 발행하는 경우에 은행이 임의적으로 이를 2천만원 미만의 일회성 금융거래로 판단하여 CDD를 미이행 해서는 안된다. 표지어음 발행은 계좌의 신규개설에 해당되므로 금융회사는 금액과 무관하게 고객(거래 요청자)에 대한 CDD를 이행하여야 하는 것이다.

계좌의 신규개설은 일회성 금융거래와 달리 거래 관계가 수립된 이후에는 고객이 비교적 자유롭게 금융회사의 서비스를 이용할 수가 있기 때문에 금융회사는 CDD를 보다 엄격히 운영함으로써 자금세탁 위험을 관리할 필요가 있다.

나. 2천만원(미화 환산 1만불) 이상의 일회성 금융거래

원래 FATF 국제기준이 언급하는 일회성 금융거래(occasional transaction)는 해당 금융회사와 거래 관계가 수립되지 아니한 자(CDD 미이행 고객)에

의해 일회적으로 발생하는 거래를 의미하며, 이와 같이 자신(금융회사)의 고객이 아닌 자와 USD/EUR 15,000을 초과하는 금융거래를 수행하게 되는 경우에는 금융회사가 CDD를 수행하여 거래를 하려는 자가 누구인지를 파악해야 한다고 요구하고 있는 것이다.

그러나 우리나라에서는 고객확인제도가 금융실명법의 기반 위에서 성립되었기 때문에 일회성 금융거래에 대해 앞서 언급한 국제기준과 달리 금융실명법제의 "계좌에 의하지 아니한 거래[10]" 개념을 그대로 차용하여 특정금융거래보고법 시행령 제10조의2 제2항에서 "금융회사 등에 개설된 계좌에 의하지 아니한 금융거래를 말한다"라고 정의하고 있다. 이에 따라 업무규정 제23조 제1항에서는 일회성 금융거래의 구체적 예시를 아래와 같이 열거하고 있다.

업무규정 제23조(일회성 금융거래) ① 법 제5조의2 제1항 제1호 및 영 제10조의2 제2항에 의한 '일회성 금융거래'는 다음 각 호를 포함한다.

1. 무통장 입금(송금), 외화송금 및 환전
2. 자기앞수표의 발행 및 지급
3. 보호예수(봉함된 경우 기준금액 미만으로 봄)
4. 선물카드 매매
5. 기타 영 제10조의2 제2항에 따른 금융회사등에 개설된 계좌에 의하지 아니한 금융거래

---

10) 금융실명거래 및 비밀보장에 관한 법률 제3조 제2항 제1호 및 동법 시행령 제4조 제1항 제1호에서 금융실명의 확인을 하지 아니할 수 있는 거래의 한 예로 "실명이 확인된 계좌에 의한 계속 거래"를 규정함에 따라 "계좌에 의하지 아니한 거래"에 대한 금융실명거래 업무해설 등의 유권해석이 마련됨.
　금융실명거래 업무해설에서는 계좌에 의하지 아니한 금융거래를 "통장·거래카드 등에 의하지 아니하고 금융회사를 통해 증권·증서·채권(통장거래 제외), 어음·수표 등을 매매·상환·환급·발행 및 지급 등을 하는 금융거래 형태"로 정의.

이러한 우리나라의 일회성 금융거래에 대한 독특한 해석에 의해 만약 신규계좌 개설을 통해 해당 금융회사의 CDD를 이미 이행한 고객이라 할지라도 2천만원 이상의 무통장 송금 등 일회성 금융거래(계좌에 의하지 아니한 금융거래)를 하는 경우에는 다시 고객확인을 이행해야 하는 상황이 일어날 수 있다.

이는 외국에 비해 너무도 많은 일회성 금융거래를 발생시키고 금융회사의 불필요한 업무 부담 및 고객의 불편을 초래할 뿐만 아니라 국제기준에도 부합하지 않는 측면이 있다. 이에 따라 기존 고객정보 또는 자금세탁 위험도에 변화가 없다면 CDD를 이미 이행한 고객에 대해서는 고객확인을 생략할 수 있도록 특정금융거래보고법 시행령 제10조의6 제2항[11])에서 규정함으로써, 우리나라도 일회성 금융거래 CDD의 국제기준을 일정 부분 수용하고 있다고 할 것이다.

다만, 공과금 거래는 개념상 일회성 금융거래에 해당되나 자금세탁에 이용될 가능성이 낮으며 금융회사가 관리할 실익이 없고, 법원공탁금, 정부·법원보관금, 송달료의 지출은 일회성 금융거래에 해당될 뿐만 아니라 금융실명법상의 실명확인 대상이나 이미 법원 등 공공기관에서 철저한 신원확인을 거친 점을 감안하여 금융회사 부담 경감 차원에서 시행령 제10조의2 제1항 및 감독규정 제21조 제1호 및 제3호에 따라 신원확인대상에서 제외하였다.[12])

현재 금융회사별로 일회성 금융거래의 정의가 명확히 일치하지 않는 점과 향후 핀테크의 발달로 인한 종이통장의 폐지, 스마트폰 거래 활성화 등 거래매체의 변화, 인터넷 전문은행의 설립에 따른 비대면 계좌개설 및 거래 등을 감안할 때 우리나라도 일회성 금융거래의 정의를 현행 "금융회사 등에 개설된 계좌에 의하지 아니한 금융거래"에서 "해당 금융회사 등과 거래관계

---

11) 금융회사 등은 법 제5조의2 제1항 제1호에 따른 확인을 한 후에 같은 고객과 다시 금융거래를 하는 때에는 고객확인을 생략할 수 있음.
12) 금융정보분석원, 연차보고서 2005, p. 30 참조.

가 수립되지 아니한 고객(해당 금융회사에서 CDD를 이행하지 아니한 고객)에 의한 금융거래"로 변경할 필요성은 더욱 커지고 있다고 판단된다.

특히, 보험·신용카드·여신 업무 등 금융실명제 적용대상이 아닌 금융거래[13])에 있어 이러한 일회성 금융거래의 정의 변경에 따른 효용성은 매우 높을 것이다. 예를 들면 A가 본인의 보험금을 담보로 보험회사에서 2천만원 이상의 약관대출을 받고 며칠 후 B가 보험회사에 직접 찾아가 현금으로 A의 대출금을 상환하는 경우 일회성 금융거래에 해당하여 B에 대한 CDD를 이행해야 하는지가 국제기준에서는 명확함에도 불구하고, 현행 우리 법령상의 계좌·비계좌 구분으로는 불명확한 측면이 있기 때문이다. 이는 우리나라에서 보험이나 은행 여신 등을 통한 자금세탁의 위험과 취약점이 여전히 크게 존재함을 의미하기도 한다.

한편 FATF 국제기준은 이러한 일회성 금융거래의 기준금액을 산정함에 있어 단일 거래뿐만 아니라 '연결된 것으로 보이는 여러 건의 거래를 합산' 하도록 정의하고 있음에 주의할 필요가 있다. 이는 CDD를 회피하고자 USD/EUR 15,000(우리나라는 2천만원 또는 USD 10,000 이상) 초과라는 기준금액에 미달하도록 고객이 여러 차례 분산하여 거래하는 경우에도 이를 합산하여 CDD를 이행해야 함을 의미한다. 선진국에서는 보통 2주에서 3개월 동안의 연결된 것으로 보이는 거래를 합산하는 방법을 사용하고 있다.

앞서 언급한 바와 같이 우리나라는 외국과 달리 일회성 금융거래의 비중이 매우 높은 금융 현실 및 금융회사의 부담을 감안하여 2008년 9월 『AML 업무지침 작성 가이드라인』 제정시 "최소 1일 이상의 일회성 금융거래를 합산[14])"하도록 정의하였다.

---

13) 계좌에 의한 금융거래와 계좌에 의하지 아니한 금융거래로 구분하기 곤란한 금융거래.
14) 외국과 달리 일회성 금융거래 비중이 큰 우리 현실에서 실시간으로 이를 합산할 경우 금융회사의 현실적 부담이 커지는 문제점을 고려하여 배치(batch)시스템을 이용해 최소 1일 이상 합산하는 것으로 정하였음.

그러나 2008년 11월 FATF 실사단의 우리나라에 대한 상호평가 결과 "한국이 연결된 거래를 파악하는 데 있어 24시간 이내 거래만 한정한 것은 분할거래 등을 통한 CDD 기준금액 회피 방지에 충분하지 않다"고 지적하면서 이에 대한 시정을 요구하였다.

이에 따라 2010년 6월 업무규정 제정시에는 아래와 같이 제23조 제2항 및 제3항에 이를 반영하여 7일15)간 합산하도록 하였다.

업무규정 제23조(일회성 금융거래)

② 제1항에 의한 일회성 금융거래에는 영 제10조의3에 의한 기준금액 이상의 단일 금융거래 뿐만 아니라 동일인 명의의 일회성 금융거래로서 7일 동안 합산한 금액이 영 제10조의3에 의한 기준금액 이상인 금융거래(이하 '연결거래'라 한다)를 포함한다.
③ 제2항에 따른 연결거래의 경우에는 당해 거래당사자가 동 거래를 한 이후 최초 금융거래시 고객확인을 하여야 한다.

동 업무규정에 따라 금융회사는 7일간의 일회성 금융거래 합산액이 2천만원(미화 1만불) 이상인 고객에 대해 동 고객이 합산액 초과 이후 최초로 창구를 방문하여 실명확인 대상 금융거래를 수행할 때 CDD를 이행하여야 한다.

참고로 과거 CDD 제도 도입시 금융회사와 합의한 일회성 금융거래의 기준금액 산정 방법은 다음과 같다.

---

15) 선진국과 같이 최소 14일 동안 합산하도록 초안을 마련하였으나 규제개혁위원회 심사과정에서 금융회사의 부담 완화를 위하여 7일(5거래일) 합산으로 수정하였음.(FATF 실사단도 평가보고서에서 최소한 1주일 이상은 합산하도록 권고한 바 있음)

▌ **2천만원 이상 일회성 금융거래 기준금액 산정 방법**

① 액면금액과 실제 거래금액이 다른 경우 : 실제 거래금액 기준
② 보호예수에서 봉함된 경우와 같이 금융회사가 금액을 확인할 수 없는 경우 :
   기준금액 미만으로 봄
③ 원화와 외화가 혼합된 거래일 경우 : 각각의 거래로 구분하여 기준금액 적용
④ 외화환전과 같이 원화 및 외화거래가 동시에 발생하는 경우 : 그 중 한 거래가
   기준금액에 해당되면 그 금액을 적용
⑤ 미화 이외의 외국통화의 경우 : 현찰매매율 또는 전신환매매율 등 실제 거래
   된 환율을 적용하여 미화로 환산

다. 자금세탁행위나 공중협박자금조달행위를 할 우려가 있는 경우

FATF는 고객이 계좌를 신규로 개설하는 것도 아니고 거래관계가 수립되지 않은 고객이 USD/EUR 15,000 초과하는 일회성 금융거래를 하는 경우가 아니라 할지라도, 고객이 자금세탁행위나 테러자금조달행위를 하고 있다고 의심되는 경우에는 거래 금액에 상관없이 고객확인을 하도록 규정하고 있다.

우리나라도 이에 따라 법 제5조의2 제1항 제2호에서 다음 표와 같이 명시하고 있었으나, 2008년 FATF 상호평가시 실사단은 동 법규에 대해 계좌 신규 개설 및 일회성 금융거래시의 고객확인 의무를 규정하고 있을 뿐 자금세탁 등이 의심되는 경우에는 "실제 당사자 여부 및 금융거래 목적"만을 확인하도록 하고 있어 고객확인을 하라는 명시적 규정이 없다고 지적하였다.

이에 대해 당시 여러 번의 설명을 통해 이는 강화된 고객확인을 수행하라는 의미이므로 신원확인 등 일반적인 고객확인은 기본이라는 취지로 상호평가단을 설득하기는 하였으나, 향후 이러한 불필요한 논쟁을 방지하기 위하여 2010년 업무규정 제정시 제24조 제1항에서 "금융회사 등은 고객이 자금세탁 등을 하고 있다고 의심되는 때에는 고객확인을 하여야 한다"고 국제기준의 표현대로 이를 명시하였다. 이후 2014년 5월 실제 소유자 확인 등을

위한 법 제5조의2 개정시 이를 함께 반영(법 제5조의2 제1항 제2호 가목)하였으므로 업무규정의 동 조항은 향후 개정시 삭제하는 것이 타당할 것이다.

❙ 특정금융거래보고법 제5조의2 제1항 개정 내용('14.5월)

개정 전	개정 후
제5조의2(금융회사등의 고객확인의무) ① 금융회사등은 금융거래를 이용한 자금세탁행위와 공중협박자금조달행위를 방지하기 위하여 합당한 주의로서 다음 <u>각 호의 어느 하나에 해당하는 조치를 취하여야</u> 한다. 이 경우 금융회사등은 이를 위한 업무지침을 작성하고 운영하여야 한다. 1. 고객이 계좌를 신규로 개설하거나 대통령령<u>이</u> 정하는 금액 이상으로 일회성 금융거래를 하는 경우 <u>거래 당사자의 신원에 관한 사항으로서 대통령령이 정하는 사항의 확인*</u> 2. <u>실제 거래당사자</u> 여부가 의심되는 등 고객이 자금세탁행위나 공중협박자금조달행위를 할 우려가 있는 경우 실제 <u>당사자 여부 및 금융거래 목적의 확인</u>	제5조의2(금융회사등의 고객확인의무) ① 금융회사등은 금융거래를 이용한 자금세탁행위와 공중협박자금조달행위를 방지하기 위하여 합당한 주의로서 다음 <u>각 호의 구분에 따른 조치를</u> 하여야 한다. 이 경우 금융회사등은 이를 위한 업무지침을 작성하고 운영하여야 한다. 1. 고객이 계좌를 신규로 개설하거나 대통령령<u>으로</u> 정하는 금액 이상으로 일회성 금융거래를 하는 경우: <u>다음 각 목의 사항을 확인</u> 　가. 대통령령으로 정하는 고객의 신원<u>에 관한 사항</u> 　<u>나. 〈실제 소유자 : 내용 생략〉</u> 2. <u>고객이 실제 소유자인지 여부가 의심되는 등 고객이 자금세탁행위나 공중협박자금조달행위를 할 우려가 있는 경우: 다음 각 목의 사항을 확인</u> 　**가. 제1호 각 목의 사항** 　나. 금융거래의 목적과 거래자금의 원천 등 금융정보분석원장이 정하여 고시하는 사항(금융회사등이 자금세탁행위나 공중협박자금조달행위의 위험성에 비례하여 합리적으로 가능하다고 판단하는 범위에 한정한다)

* 대통령령으로 정하는 고객의 신원에 관한 사항은 특정금융거래보고법 시행령 제10조의4에서 정한 사항을 말함.

한편 국제기준과 같이 "자금세탁이 **의심**되는 경우"가 아니라 우리나라에서는 "자금세탁행위를 할 **우려**가 있는 경우"로 법에서 표현한 이유에 대하여 "2005년 FIU 연차보고서"에서 아래와 같이 설명하고 있음을 참고하기 바란다.

금융회사는 금융거래의 상대방이 자금세탁행위를 하고 있다고 의심되는 합당한 근거가 있는 경우에 금융정보분석원에 의심거래보고를 하게 되는데, 그러한 자금세탁의 **"의심"** 또는 **"혐의"**는 금융회사 직원의 업무지식, 전문성 또는 경험 등을 근거로 종합적으로 판단하게 된다.

자금세탁의 **"우려"**라 함은 그러한 **"의심"** 또는 **"혐의"**의 정도에 이르지는 않는 경우로서 **평균적인 일반인의 관점에서 볼 때, 자금세탁이 이루어지고 있다고 판단할 개연성이 있다고 금융회사가 판단하는 것**을 말한다.

라. 기존의 확인사항이 사실과 일치하지 아니할 우려가 있거나 그 타당성에 의심이 있는 경우

FATF는 금융회사가 기존에 확보한 고객 신원정보의 진위나 타당성이 의심되는 경우에는 (비록 거래관계가 수립되어 있다고 할지라도 다시) 고객확인을 이행하도록 요구하고 있다. 우리나라도 특정금융거래보고법 시행령 제10조의6 제2항 단서에서 "기존의 확인사항이 사실과 일치하지 아니할 우려가 있거나 그 타당성에 의심이 있는 경우에는 고객확인을 하여야 한다"고 명시[16]하고 있다.

---

16) 2008년 우리나라에 대한 FATF 상호평가 실사단은 시행령 제10조의6 제2항 단서조항에 대해서 이는 시행령이 아닌 법 제5조의2(고객확인의무)에서 함께 명시해야 한다고 지적 (최종 보고서에서는 이러한 지적을 일부 삭제)한 바 있다. 그러나 이미 시행령에 반영되어 있는 내용을 법개정 사항으로 변경하는 실익에 비해 법개정의 어려움 등을 감안하여 FIU는 업무규정 제24조 제2항에서 다시 한번 명시적으로 규정하는 방법을 선택하였다.

CDD를 이행해야 하는 경우에 대한 Q&A

1. 거래금액 0원으로 예금통장을 신규개설하는 경우에도 CDD를 해야 하는가?

특정금융거래보고법 시행령 제10조의2(고객확인의무의 적용 범위 등)에서는 CDD 의무가 "금융거래에 적용"된다고 규정하고 있음. 따라서 거래금액 0원인 통장 개설 은 금융거래가 없으므로 CDD를 하지 않아도 된다고 해석할 수도 있을 것임.

그러나 이는 국제기준의 해석과는 근본적인 차이가 있으며, 같은 조 제2항에서는 "계좌의 신규개설"이란 금융거래를 개시할 목적으로 금융회사등과 계약을 체결하는 것을 말한다고 정의하고 있음. 또한 업무규정 제22조 제1호에서 예금계좌의 신규 개 설을 명시하고 있음. 즉, 이 경우는 계좌의 신규개설로 보아 CDD를 이행해야 하는 것으로 해석하는 것이 타당하다 할 것임.

아울러 향후 금융거래에 적용된다는 시행령 조항의 존치 여부에 대한 검토도 필요할 것으로 판단됨.

2. 이미 CDD를 이행한 고객과 다시 계좌 신규개설 또는 2천만원 이상의 일회 성 금융거래를 할 때 CDD를 다시 이행하여야 하는가?

특정금융거래보고법 시행령 제10소의6 제2항은 금융회사 등이 고객확인을 한 후에 같은 고객과 다시 금융거래를 하는 때에는 고객확인을 생략할 수 있다고 규정하고 있으므로 기본적으로 CDD를 다시 이행할 필요가 없음. 그러나 ① 동 조 단서 조항 에서 규정하고 있는 바와 같이 기존의 확인사항이 사실과 일치하지 아니할 우려가 있거나 그 타당성에 의심이 있는 경우, ② 업무규정 제25조 제2항에서 언급하는 때 (기존 고객에 대한 적절한 고객확인 시기)에 해당하는 경우 및 ③ 업무규정 제34조 제4항의 재이행 주기가 도래한 경우에는 CDD를 다시 이행하여야 함.
(②와 ③의 경우에 대해서는 뒤에서 상세히 설명하도록 하겠다)

3. 동일한 금융회사에 CDD가 이행된 계좌를 근거로 연결된 신규계좌 개설시 CDD 생략이 가능한가?

위 2번의 경우와 같이 동일 금융회사에 CDD가 이행된 계좌를 보유한 고객에 대해서는 근거계좌와 연결된 신규계좌 개설시 CDD 생략이 가능함. 다만 자금세탁 위험도가 고위험으로 변화된 경우에는 거래 목적, 자금 원천 등 강화된 고객확인 정보를 추가로 확인하여야 함.

4. 계좌 신규개설 이후 통장을 이용한 금융거래시에도 2천만원 이상의 금융거래에 대해서는 CDD를 이행해야 하는가?

통장에 의한 금융거래는 "계좌에 의한 계속 거래"이므로 2천만원 이상의 금융거래시에도 CDD 이행 대상이 아님.(다만, 자금세탁이 의심되거나 기존의 정보가 사실과 일치하지 아니할 우려가 있는 경우는 제외 -이하 같음)

5. 인터넷뱅킹을 이용한 2천만원 이상의 계좌이체도 CDD를 이행해야 하는가?

인터넷뱅킹을 통한 계좌이체는 4번과 마찬가지로 계좌에 의한 계속 거래로서 CDD 이행 대상이 아님.

6. 고객이 통장에서 현금 인출 없이 바로 2천만원 이상의 자기앞수표를 발행하는 경우에도 CDD 대상인가? 또는 통장에서 현금으로 출금한 후 그 자금으로 즉시 그 자리에서 자기앞수표를 발행하는 경우 CDD 대상인가?

계좌(통장)에 의한 계속적 거래로 현금 수수없이 자기앞수표를 발행하는 경우에는 CDD 대상이 아님. 그러나 통장에서 현금으로 출금한 후 다시 자기앞수표를 발행하는 경우에는 일회성 금융거래에 해당되므로 CDD 대상임. 단 이 경우에도 시행령 제10조의6에 따라 CDD 생략이 가능함.

7. 수표를 소지한 고객이 본인 통장을 가지고 2천만원 이상을 입금하는 경우 또는 통장없이 본인계좌에 무통장 입금하는 경우 CDD 대상인지?

수표를 소지한 고객이 본인의 통장을 이용하여 입금하는 경우는 계좌에 의한 계속적 거래로 CDD 대상이 아니나 통장없이 본인계좌에 무통장 입금하는 경우에는 CDD 대상임. 시행령 제10조의6에 따른 CDD 생략도 또한 같음.

※ 결국 2~7번의 질문은 CDD를 이행한 고객에 의한 금융거래시에는 ① 자금세탁 등이 의심되거나 ② 기존에 확보한 CDD 정보의 진위나 타당성이 의심되는 경우, ③ CDD를 이행해야 할 중요한 거래가 발생한 경우, ④ CDD 재이행 주기가 도래한 경우, ⑤ 위험도의 변화가 발생한 경우 등이 아닌한 CDD를 이행하지 않고, 비정기적인 금융거래(CDD 이행 고객이 아닌 자에 의한 기준금액 이상의 거래)시에 CDD를 이행하도록 하는 국제기준과 다른 우리나라의 "일회성 금융거래"에 대한 정의 때문에 발생하는 질문들이다.

8. 현금이 아닌 자기앞수표로 2천만원 이상의 무통장 송금을 하는 경우에도 CDD 대상인가?

계좌에 의하지 아니한 거래인 무통장 송금은 현금거래나 수표거래 등의 구별 없이 모두 CDD 이행 대상임.

9. 실제 소유자인지 여부가 의심되는 등 고객이 자금세탁행위나 공중협박자금 조달행위를 할 우려가 있는 경우란 구체적으로 어떤 경우를 말하는 것인가?

금융회사와 거래하는 계좌주(명의인)와 실질적으로 거래자금을 출연하는 자(실제 소유자)가 불일치하여 불법 차명거래로 의심되는 경우를 의미하며, 자금세탁행위나 공중협박자금조달행위를 할 우려가 있는 경우란 금융회사 직원의 평균적 관점에서 고객의 금융거래가 합리적·경제적 목적을 찾을 수 없거나 보고를 회피하기 위한 거래로 판단(FIU의 "의심거래 참고유형" 참조)되는 경우를 말함. 위와 같은 경우에는 계좌개설 여부 또는 거래금액에 상관없이 CDD를 이행하여야 함.

10. 대출 과정에서 고객으로부터 입수한 정보가 금융회사가 기존에 보관하고 있던 CDD 정보와 차이가 있는 경우에는 어떻게 해야 하는가?

특정금융거래보고법 시행령 제10조의6 제2항 단서조항 및 업무규정 제24조 제2항에 따라 CDD를 다시 이행하여야 함. 특히 고위험군에 속하는 고객 또는 거래에 대해서는 업무규정 제34조 제2항 제2호에서 정한 바와 같이 CDD 정보가 최신이며 적절한 것인지 확인하여야 함.

3 CDD 이행 절차

가. 신원확인 및 검증

금융회사 등이 고객에 대한 CDD를 이행하기 위해서는 우선 고객의 신원을 확인하여야 한다. 금융회사 등은 고객으로부터 법규에 따라 신원 정보의 제공을 요구하여야 하며, 이때 고객이 제공한 신원 관련 정보의 진실성에 대한 검증을 실시하여야 한다. 이에 대한 FATF 국제기준은 아래와 같다.

(FATF 권고사항 10)

CDD는 다음과 같이 수행되어야 한다.

(a) 신뢰성 있고 독립적인 문서·자료 또는 정보를 이용하여 고객의 신원을 확인하고 검증하여야 한다.

(FATF 기술적 평가방법론)

10.3 금융회사는 (영구 또는 일회성, 자연인, 법인 또는 법률관계인지 여부와 관계없이) 고객의 신원을 확인하여야 하며, 신뢰할 수 있는 독립적인 문서·자료 또는 정보(신원확인 정보)를 활용하여 검증하여야 한다.

우리나라에서는 특정금융거래보고법 제5조의2 제1항 제1호에서 "대통령령으로 정하는 고객의 신원에 관한 사항"을 확인하도록 하고 있다. 이에 따라 동법 시행령 제10조의4(거래당사자의 신원에 관한 사항) 각 호에서 개인, 영리법인, 비영리법인 및 그 밖의 단체, 외국인 및 외국단체로 구분하여 신원 확인 사항을 다음과 같이 규정하고 있다.

구 분	신원 확인 사항
개인	실지명의, 주소, 연락처(전화번호 및 전자우편주소)
영리법인	실지명의, **업종**, 본점 및 사업장의 소재지, 연락처, **대표자의 성명**[17]
비영리법인 및 그 밖의 단체	실지명의, **설립목적**, 주된 사무소의 소재지, 연락처, **대표자의 성명**
외국인 및 외국단체	개인, 영리법인, 비영리법인 및 단체의 분류에 따른 **각 해당 사항 + 국적, 국내의 거소 또는 사무소의 소재지**

업무규정 제37조(원칙) 제1항에서는 "금융회사 등은 고객과 금융거래를 하는 때에는 그 신원을 확인하여야 하며 신뢰할 수 있는 문서·자료·정보 등을 통하여 그 정확성을 검증하여야 한다"고 FATF 국제기준에 따라 명확히 규정하고 있다.

이는 현행 특정금융거래보고법 시행령 제10조의2 제3항이 국제기준과 달리 아래와 같이 규정하고 있기 때문이며, 국제기준 충족을 위한 하위 규정(업무규정)이 상위 규정(시행령)과 일부 상충이 일어날 수 있어 원칙이라는 소제목으로 다루고 있다.

(특정금융거래보고법 시행령)

제10조의2(고객확인의무의 적용 범위 등)
③ 금융회사 등은 **고객확인을 한 사항이 의심스러운 경우**에는 그 출처를 신뢰할 만한 문서·정보 그 밖의 확인자료를 이용하여 그 **진위 여부를 확인할 수 있다.** 이 경우 금융회사 등은 그 확인자료 및 확인방법을 법 제5조의2 제1항에 따른 업무지침에 반영하여 운용하여야 한다.

---

17) 2015년말 시행령 개정을 통해 법인 대표자의 실지명의가 성명으로 변경되었음.

즉, 시행령에서는 국제기준과 달리 모든 고객이 아닌 "고객확인을 한 사항이 의심스러운 경우에만 진위 여부를 검증**할 수 있도록** 규정"함으로써 검증이 의무사항이 아니며, 검증 적용범위조차 "의심스러운 경우"로 국한하고 있는 것으로 읽혀지기 때문이다. 따라서 향후 동 시행령은 업무규정 제37조와 같은 문구로 개정되어야 마땅할 것이다.

업무규정 제38조부터 40조까지에서는 개인 및 법인고객의 확인 및 검증 방법을 좀더 구체적으로 명기하고 있다. 이를 거래 주체별로 구분하여 시행령과 함께 모두 정리하면 아래 표와 같다.

구 분	신원 확인	검증(현행)
① 개인	성명, 실명번호, 주소, 연락처	좌동 ※ 단, 저위험으로서 주민등록증 등으로 신원확인을 한 경우 예외(업무규정 제39조 제2항)
② 외국인	성명, 실명번호, 주소, 연락처, **국적**	좌동
③ 외국인 비거주자	성명, **생년월일 및 성별**, 실명번호, **실제 거소 또는 연락처, 국적**	좌동
④ 영리법인	법인명, 실명번호, 업종, 본점 및 사업장의 주소·소재지, **대표자 정보**, 회사 연락처, 법인 설립사실을 증명할 수 있는 문서(법인 등기부등본 등)	대표자 정보, 회사 연락처 제외
⑤ 외국 영리법인	법인명, 실명번호, 업종, 본점 및 사업장의 주소·소재지(**연락 가능한 실제 사업장 소재지**), 대표자	대표자 정보, 회사 연락처, 국적 제외

	정보, 회사 연락처, 법인 설립사실을 증명할 수 있는 문서(법인등기부등본 등), 국적	
⑥ 비영리법인·단체	법인(단체)명, 실명번호, 설립목적, **주된 사무소의 소재지**, 대표자 정보, 법인·단체 연락처, 법인의 경우 법인 설립사실을 증명할 수 있는 문서(법인등기부등본 등)	대표자 정보, 회사 연락처 제외
⑦ 외국 비영리법인·단체	법인(단체)명, 실명번호, 설립목적, **주된 사무소의 소재지(연락가능한 실제 사무소 소재지)**, 대표자 정보, 법인·단체 연락처, 법인의 경우 법인 설립사실을 증명할 수 있는 문서(법인등기부등본 등), 국적	대표자 정보, 회사 연락처, 국적 제외

우리나라는 외국과 달리[18] 모든 국민에게 고유의 신원번호(ID Number)가 부여되어 있고, 대표적인 실명확인증표인 주민등록증과 운전면허증 등은 위조가 상대적으로 어려우며, 실명확인 대상 거래의 경우 금융실명법에 따라 금융회사가 실명증표 사본을 보관하고 있어 "사진이 부착되어 있는 동 실명확인증표로 고객확인을 한 저위험 개인 고객"에 대해서는 금융회사와 고객의 부담 완화를 위해 "고객의 신원 검증을 이행한 것으로 볼 수 있다"고 업무규정 제39조 제2항에 언급하였다.

---

18) 미국의 사회보장번호(SSN : Social Security Number)는 납세자 번호(TIN : Taxpayer Identification Number)로서 고객의 신원확인을 위해 일반적으로 사용되기는 하나, 우리나라의 주민등록번호와 같이 모든 국민에게 부여되는 것은 아님.

그러나 이러한 고객확인제도(고객신원 확인) 검증 생략은 국제기준에 맞지 않을 뿐더러 사실상은 연락처의 검증만이 생략될 뿐이어서 향후 업무규정 개정시 동 규정의 기술방식을 변경[19]할 필요가 있다. 즉, 거래 신청서 또는 고객거래확인서 등을 통해 고객이 제공한 신원정보에 대해 금융회사가 고객의 실명확인증표로 실제 검증을 이행하는 것이므로, "검증을 이행한 것으로 볼 수 있다"는 표현을 향후 개정되는 업무규정에서는 삭제하는 것이 타당할 것이다.

▍ 고객신원확인과 검증을 모두 충족하는 실명확인증표(예) : 개인

구 분	내국인	재외국민	외국인
실명증표	·주민등록증 ·운전면허증 ·청소년증	·재외국민거소신고증 ·국내발급 운전면허증	·외국국적동포국내거소신고증 ·외국인등록증 ·국내발급 운전면허증

또한 실명확인증표의 주소와 고객이 기재한 주소가 다른 경우에는 '2차 문서 등을 통해 검증'을 하는 것이 바람직하며, 고위험 고객의 경우에는 필수 검증사항을 모두 검증하여야 한다. 이와 관련하여 업무규정 제39조 제3항 및 제40조 제3항에서는 "정부가 발행한 문서 등에 의해 검증하는 등 추가적인 조치를 취하여야 한다"라고 규정하여 2차 문서적·비문서적 검증 의무를 명시적으로 부과하고 있다.

---

19) 고객신원확인 검증과 관련하여 네거티브 방식이 아닌 포지티브 방식으로 서술함으로써 FATF로부터 검증 의무의 완화로 지적되지 않도록 규정을 변경할 필요가 있음.

2차 신원 검증

2009년 FATF 상호평가 실사단의 보고서[20])에 따르면 우리나라 법규에서는 2차 신원 검증 의무가 없다는 점을 문제로 지적하고 있다. 그러나 이는 당시 FIU(금융정보분석원)가 금융회사 등에 제공한 『AML 업무지침 작성 가이드라인』이 FATF로부터 법적 인정을 받지 못했기 때문일 뿐 당시 가이드라인에서도 2차 검증에 대해 아래와 같은 예시를 두고 있었다.

구 분	문서적 방법(예시)	비문서적 방법(예시)
개인	·주민등록등본 ·재직증명서 ·이름과 주소가 명시되어 있는 전기/가스/수도 요금청구서 또는 영수증	·주민등록증 진위 확인(1382 전화, 전자정부 홈페이지) ·운전면허증 진위 확인(운전면허 발급대행기관(경찰청)) ·신용정보기관을 통한 확인 ·본인 음성 녹취 등
법인	·사업자등록증 ·고유번호증 ·사업자등록증명원 ·법인등기부등본 ·납세번호증 ·영업허가서 ·정관 ·외국인투자기업등록증 등	·전자공시 ·상용 기업정보 제공 데이터베이스를 통한 확인 등 ※ 국세청 휴폐업 조회

20) FATF 상호평가 보고서는 다음과 같이 언급하고 있다 : 고객신원정보(개인 및 법인)의 2차 검증에 대해 법이나 규정으로 명시되어 있지 않다. 2차 신원확인을 요구함으로써 고객 정보를 검증하게 하거나 공과금 고지서, 세금 명세서 및 기타 자료를 참고하여 별도로 고객 주소를 검증하게 하는 일반 규정이 없다. 고객 신원 서류 발급기관에 연락하거나 공증을 통해서 고객신원정보를 검증해야 하는 의무가 없다. 전화, 우편, 전자우편 등을 통해서 연락처 정보의 진위를 파악하기 위해 별도로 고객과 연락을 하도록 하는 요구사항도 없다.

　　법인 또는 단체의 경우 '대표자 정보와 회사 연락처'를 필수 검증사항에서 제외한 사유는 제도 도입 초기에 금융회사 직원 및 고객의 혼란과 거부감을 완화하고, 금융회사가 실제 신원확인을 이행하는 데 있어서도 동 정보의 검증이 어려움을 반영[21]한 것이었다. 그러나 법인에 대한 실제 소유자 확인의무까지 도입된 오늘날에는 금융회사의 검증이 가능한 항목에 대하여 향후 업무규정 개정시 추가로 반영될 것으로 예상된다. 아울러 외국 법인 또는 단체의 '국적'이 업무규정상 필수 검증사항에서 누락된 것도 함께 반영되어야 할 것이다.

　　한편 '15년말 시행령 개정 이전까지는 시행령 제10조의4에서 정하는 바에 따라 법인 또는 단체의 "대표자 실지명의"를 확인하여야 하는데, 일반적으로 금융회사가 외국인 대표자의 여권번호 또는 실명번호를 확인하는 것이 매우 어려울 뿐만 아니라 FATF 국제기준에 비추어도 다소 과도한 측면[22]이 있었다. 이에 FIU는 '15년 시행령 개정을 통해 FATF 권고사항 주석서에서 언급하고 있는 "대표자의 성명"으로 이를 변경하였다. 따라서 업무규정 제38조 제2항 제4호에서 언급하고 있는 "대표자 정보 : 개인고객의 신원 확인 사항에 준함"이라는 항목도 향후 "대표자 성명"으로 개정되어야 할 것이다.

　　이와는 별도로 FIU는 지난 '13년 11월 공문 시행을 통해 당시 금융실명법에 따른 실명확인은 가능하나 특정금융거래보고법에 따른 고객확인이 불가능한 고객(예, 실명확인증표 중 주소 검증이 불가능한 여권이나 외국인투자등록증만으로 CDD를 하고자 하는 고객 등)의 CDD 이행시 문서적·비문서적 검증방법을 다음과 같이 명확히 한 바 있다.

---

21) 이에 대한 어려움은 FIU가 2009년 발행한 "강화된 고객확인 Q&A" 4-22와 4-23에서도 다루어 줌으로써 금융회사의 검증 부담을 완화하기 위해 노력하였음.
22) 국내적으로는 대표자의 실지명의를 확인하는 것이 일명 '바지 사장' 등을 악용하는 자금세탁 방지에 도움되는 측면이 있었을 것으로 판단되나, 국제기준에 비추어 대표자 개인의 실명번호나 여권번호 등의 입수 의무는 다소 과도한 측면이 있었음.

실명증표	검증방법(예시)		
여권, 외국인투자등록증, 외국인투자신고서, 사업자등록증 등만으로 고객확인을 하고자 하는 경우	문서적 방법	실명증표 2개	여권 + 외국인등록증 여권 + 국내거소증 등
		재직증명서, 공과금영수증, 국제운전면허증, 사업자등록증, **영문명 기재된 신용카드**, 재학증명서, 급여명세서 등	
	비문서적 방법	외국인실명증표인증관리	외국인 신분증 진위확인 동의서 징구
		국내거소 확인	국내거소 연락처로 역조회, 사업장 방문 등

이 또한 금융실명법 관행에 익숙한 우리나라 금융회사 직원 및 고객의 불편과 혼란을 방지하기 위하여 그동안 다소 미흡하게 운영되어왔던 일부 실명확인증표[23]만을 활용한 고객신원확인·검증의 방법을 국제기준에 부합하도록 추가 검증 등을 통해 강화한 것이다.

2008년 상호평가를 위해 우리나라를 방문했던 FATF 실사단은 "고객신원확인 및 검증"이 한국의 AML/CFT 시스템의 강점이라고 언급하였다.

이는 정부기관이 발급하고 사진과 고유의 신원확인 번호가 있는 신원 자료만 인정해야 한다는 바젤위원회이 "계좌개설과 고객신원확인에 관한 일반지침(General Guide to Account Opening and Customer Identification)"상의 권고사항 대부분이 우리나라에서 지켜지고 있다고 보았기 때문이다. 즉, 우리나라의 고객확인 및 검증 시스템은 금융회사들이 믿고 사용할 수 있도록 정보의 질을 충분히 보장하고 있다고 평가하였다.

---

23) 금융실명법규상 실명확인증표로 인정받았으나 특정금융거래보고법상 고객확인사항(연락처 제외)에 대한 검증을 충족할 수 없는 실명증표. 즉, 사진 또는 주소가 없는 실명확인증표.

 이것은 결국 당시 우리의 고객확인제도가 국제기준에 비해 매우 미흡했음에도 불구하고, 상호평가 결과 "부분 이행(partly compliant)"이라는 일부 선진국에 비해[24]서도 상대적으로 좋은 평가를 받게 되는 원동력이 되었다.

---

24) 당시 우리에 비해 금융선진국이었던 캐나다, 호주, 일본 등도 고객확인제도에 대해서는 "미이행(Non Compliant)" 평가를 받았음.

CDD 확인 및 검증 관련 Q&A

1. 고객확인 및 검증이란 구체적으로 무엇을 말하는 것인가?

고객확인 및 검증이란 금융회사 등이 문서나 질문 등을 통해 고객으로부터 정보를 획득하여 확인(Identification)하는 과정과 고객으로부터 획득한 정보를 객관적이고 신뢰할 수 있는 문서·자료·정보 등을 통해 검증(Verification)하는 과정을 말함.

즉, 금융회사는 소정의 양식(거래신청서 또는 고객거래확인서 등)에 고객이 기재하도록 하거나 고객과의 문답 등을 통해 관련 정보를 기록함으로써 고객확인을 이행할 수 있으며, 고객확인 정보의 검증을 위하여 어떠한 문서·자료·정보를 요구할 것인가에 대해 금융회사 내규 또는 지침에 반영하여 운영하여야 함.(법 제5조의2 제1항 후단 참조)

금융회사는 고객확인정보 검증시 고객이 제공한 정보와 금융회사가 보유한 정보 간에 차이가 있는 경우 이러한 차이를 확인하고 기록·관리하여야 함.

2. 금융회사가 고객의 실명확인증표에 대한 진위 여부까지 확인하여야 하는가?

업무규정 제39조 제2항에서는 금융회사가 "실명확인증표의 진위 여부에 주의를 기울여야 한다"고 규정하고 있음.

이는 정부가 발행한 신원확인증표의 진위 여부에 대한 "검증 의무"를 금융회사에 전적으로 부담하게 하는 것은 과도한 측면(향후 소송 등의 문제 야기 가능성 등)이 있으므로, 금융회사 직원들에게 실명확인증표 진위 여부에 대하여 선량한 관리자로서의 "주의 의무"만을 부과한 것임.

그러나 2009년 FATF 상호평가단은 우리나라에 다음과 같이 권고한 바 있음.

"법규에서 개인과 법인 모두의 고객신원자료 2차 검증을 요구해야 하며, 이와 관련하여 금융회사가 발급기관에 연락하거나 공증을 통해 신원자료의 진위 여부를 확인해야 한다는 법적 의무를 부과할 것을 고려해야 함"

따라서 금융회사는 최소한 1382 전화, 전자정부 웹사이트를 통한 주민등록증 진위 확인, 경찰청 웹사이트를 통한 운전면허증 정보 확인, 신용정보 서비스 확인 등의 검증을 실시하는 것이 바람직함.

3. 모든 개인 고객의 직업정보를 반드시 확인하여야 하는가?

현행 자금세탁방지 법규(업무규정)에 따르면 저위험 개인 고객의 경우 직업정보를 반드시 확인하도록 하고 있지는 않음. 직업정보는 현재 고위험 고객의 추가확인사항에서 규정하고 있기 때문임.

그러나 금융회사가 해당 고객에 대한 자금세탁 위험도를 평가(특히 업무규정 제30조의 고객유형 평가)하기 위해서는 개인고객의 직업 관련 정보는 사실상 필수적으로 확인하여야 하는 사항이며 이는 외국의 금융회사에서도 마찬가지임.

지난 2009년 발생한 △△건설 모 자금부장의 1,900억원대 회사 자금 횡령 및 자금세탁 사례의 경우 금융회사 및 카지노사업자가 고객의 직장 관련 정보와 자금의 원천을 확인하고 모니터링 하였다면 의심거래 식별이 가능했던 대표적인 사안이며 고객의 직업 정보가 자금세탁방지를 위해 매우 중요한 정보라는 좋은 예가 될 것임.

---

4. 고객의 자금세탁 위험평가를 위해 고객으로부터 입수한 직업 정보 또는 고위험 고객의 EDD 정보에 대한 검증 책임이 금융회사에 있는가?

자금세탁방지 업무규정은 필수 검증 사항(개인의 경우 성명, 실명번호, 주소 및 연락처) 외의 추가 정보에 대해서는 검증의무를 도입하지 않고 있음.

이는 금융회사 및 고객의 금융창구에서의 혼란과 거부감을 완화하고, 금융회사가 EDD 정보를 검증하는 것이 우리 금융현실에서 실제적으로는 매우 어려운 점 등을 반영한 것임.

특히 직업 정보에 대해서는 외국의 경우에도 기재·신고(declare)된 정보를 금융회사가 그대로 활용하며 별도의 검증을 실시하지 않는 경우가 대부분임. 이는 과도한 프라이버시 침해를 막고자 하는 것으로 판단됨.

다만, 고객이 신고한 거래 목적 또는 직업정보 등과 비교하여 고객의 실제 거래내역이 불일치하는 경우에는 모니터링 등을 통하여 의심거래보고(STR)를 하는 것이 타당함.

또한 글로벌 금융회사들의 운영사례에 따르면 고위험 고객의 EDD 정보에 대해서도 검증을 하는 것이 일반적이므로, 우리나라도 장기적으로는 고객의 자금세탁 위험이 매우 높다고 금융회사가 판단하는 경우에는 거래자금의 원천 등에 대해서 별도로 검증을 실시하는 것이 바람직할 것임.

> 5. 현행 업무규정에서 법인고객의 대표자 정보를 개인고객의 신원확인 사항에
>   준하여 확인하도록 하는 것은 너무 과도한 것이 아닌가?

특정금융거래보고법 시행령 제10조의4는 법인 또는 단체 대표자의 실지명의(성명+실명번호)를 확인하도록 규정하고 있었고, 업무규정 제38조 제2항 제4호는 법인 또는 단체 대표자의 정보를 개인고객의 신원확인 사항에 준하도록 규정하고 있음.

이는 명목상 대표자(소위, 바지 사장)를 통한 자금세탁 위험을 관리하고자 하는 목적이었을 것으로 추정되나 국제기준에 비하여 다소 과도한 측면이 있었음. 특히 외국인 대표자의 실지명의 확보에 현실적 어려움을 호소하는 사례가 많았음.

따라서 '15년말 시행령은 이미 개정이 되었고, 이에 따라 '16년 중 업무규정 개정을 통해 법인 또는 단체 고객 대표자의 실지명의 및 대표자 정보를 개인고객의 신원확인 사항에 준하도록 한 조항은 대표자 성명으로 수정될 것임.

> 6. 법인고객의 설립사실을 증명할 수 있는 법인등기부등본을 받아야 하는 것은
>   필수사항인가?

많은 금융회사에서 법인의 설립사실 증명을 실명확인증표인 '사업자 등록증'으로 대신하는 경우가 많은데 이는 법인의 설립 사실 증명, 법적 형태, 사업 성격, 정관, 법인 지배구조 등을 확인하도록 하는 국제기준에 비해 매우 미흡한 것이 사실임.

또한 '16년부터 실제 소유자 확인의무가 도입됨에 따라 이들 자료의 중요성은 더욱 커지고 있으므로 법인 설립사실 증명을 위한 법인등기부등본 등은 필수적으로 제출받고 주주명부, 정관 등도 원칙적으로 제출받는 것이 타당할 것으로 판단됨.

7. 고객확인정보와 필수 검증사항이 다른 이유는?

개인고객은 고객확인정보와 필수 검증사항이 동일함. 다만 법인 또는 단체고객의 경우 '법인(또는 단체) 연락처 및 대표자의 실지명의' 검증이 일부 어려운 경우가 있어 금융회사의 현실적 어려움을 고려하여 필수 검증사항에서 제외하여 왔음.

그러나 '15년말 시행령 개정으로 인해 대표자의 실지명의가 성명으로 바뀌고 국제기준에서도 법인 또는 단체의 실제 존재 여부를 검증하는 것이 매우 중요한 것으로 인식하고 있기 때문에 시행령 10조의4(거래당사자의 신원에 관한 사항)에서 규정하고 있는 항목에 대해 향후에는 모두 검증하는 것이 바람직할 것으로 판단됨.

다만, 이를 위해서는 '업무규정'의 개정이 선행되어야 할 것임.

8. 고객확인의무 이행을 위해서 고객으로부터 신용정보활용동의서를 받아야 하는지?

금융회사가 특정금융거래보고법 제5조의2에 따라 고객확인을 하는 때에는 신용정보활용 동의를 받을 필요가 없음.

> 9. 금융실명확인대상 금융거래가 아닌 보험업과 신용카드업에서는 실명확인증
> 표 원본 및 검증을 이행한 증거로서 실명확인증표 사본을 확보하기가 쉽지
> 않은데 신용평가회사 조회를 통한 실명확인을 실시간으로 이행하면 이것만
> 으로 충분한 검증을 했다고 볼 수 있는지?

금융실명확인대상 거래가 아닌 경우라 할지라도 고객확인제도에 따라 신원확인증표
로 확인 및 검증을 하는 것이 원칙이므로 신용평가사 조회만으로 충분한 검증을 했
다고 보기는 곤란함.

그러나 모집인을 통하거나 인터넷, 전화 등의 방법으로 고객이 되는 때에는 금융회
사가 고객의 실명확인증표 사본을 확보하거나 보관하는 데 현실적 어려움이 있을 수
있음.

이러한 어려움 때문에 고객의 음성녹취 등을 통해 고객신원 검증을 실시한 이후 신
용평가사 조회를 통한 실명확인이나 1382, 경찰청 홈페이지 등을 활용한 2차 검증
을 이행하는 보험사나 신용카드사가 다수 있는 것으로 알고 있음. 그러나 이러한 방
식은 저위험 고객이나 상품 외에는 적용하기 어려울 것으로 보이며, 신뢰성 있는 신
원확인증표로 검증하도록 한 원칙에 비추어 볼 때 검사의 리스크가 발생할 수 있음.

조만간 인터넷 전문은행 설립 등으로 비대면 금융실명확인 제도가 정착되면 이에 따
른 비대면 고객확인의 방법도 확립될 것으로 기대되고 있으며, 실명증표 사본 등을
받지 못하는 경우에는 이러한 절차를 활용하는 것이 보다 안전할 것으로 판단됨.

나. 대리인의 신원확인 및 검증

FATF는 고객의 CDD를 이행함에 있어 본인을 대리하는 자(대리인)에 대하여 다음과 같이 규율하고 있다.

(FATF 기술적 평가방법론)

10.4 금융회사는 고객을 대리하는 자가 그 권한을 부여받았는지를 검증하여야 하며, 대리인의 신원을 확인하고 검증하여야 한다.

(FATF 주석서 10 : CDD)

B. CDD - 고객을 대리하는 자

4. 권고사항 10에 따라 ((a)거래관계 수립과 (b)일회성 금융거래의) CDD 절차를 수행하는 경우에 금융회사는 고객을 대리하는 자가 그러한 권한을 부여받았는지 검증하여야 하며, 아울러 대리인의 신원을 확인하고 검증하여야 한다.

우리나라에서는 대리인과 관련하여 특정금융거래보고법 시행령 제10조의 4에서 다음과 같이 규정하고 있다.

시행령 제10조의4(고객[25]의 신원에 관한 사항)
1. 개인(**다른 개인, 법인 그 밖의 단체를 위한 것임을 표시하여 금융거래를 하는 자를 포함한다**)의 경우 : 실지명의, 주소, 연락처(전화번호 및 전자우편주소를 말한다. 이하 같다)

---

25) 15년말 특정금융거래보고법 시행령 개정으로 "거래당사자" 대신 "고객"으로 용어 교체.

우리나라에 대한 FATF 실사 당시 대리인과 관련된 유일한 법규였던 동 시행령은 대리인의 신원확인 및 검증을 요구하는 국제기준을 충족할 수는 있었으나, "금융회사가 대리인의 정당한 권한 부여를 검증하도록 하는 의무 가 없다"는 지적을 받았다.

이에 따라 2010년 제정된 업무규정은 대리인에 대한 대리 권한 확인을 하도록 아래와 같이 규정하였다.

업무규정 제38조 제3항
③ 금융회사 등은 영 제10조의4 제1호에 의해 **개인 및 법인 또는 그 밖의 단체 를 대신하여 금융거래를 하는 자**(이하 '대리인'이라 한다)에 대해서는 <u>그 권한이 있는지를 확인하고,</u> 해당 대리인에 대해서도 **고객확인**을 하여야 한다.

또한 우리나라의 업무규정은 단순히 신원확인 및 검증을 하도록 한 국제 기준에 비해 고객확인(CDD)을 하도록 요구함으로써 사실상 보다 높은 기준 을 제시[26]하고 있다고 보아야 할 것이다.

그러나 이러한 업무규정 제38조 제3항의 반영에도 불구하고 금융실명제 관행에 따라 일부 미흡하게 운영되어 왔던 대리인 권한확인 관련사항에 대 해 2013년 정부는 금융회사와 협의하여 아래와 같이 운영을 개선하였다.

---

26) 저자가 FIU 심사분석실에서 분석 업무를 수행하면서 경험한 바에 따르면 보고된 의심거 래 계좌주 본인(명의인)보다 오히려 대리인이 자금의 실제 소유자로서 자금세탁행위의 주동자이거나 또는 불법차명거래에 적극 협조하는 조력자로 판단되는 경우가 매우 빈번 하였음. 즉, 제3자 명의로 거래하고자 하는 자금세탁 행위의 특성상 대리인의 자금세탁 위험도는 상당히 높다고 할 것임.

▌ 대리인 금융거래 관행의 문제점 개선('13년 11월) 사례

□ 문제점 및 개선 필요성

① 금융회사는 대리인이 **계좌를 신규로 개설***하는 때에는 본인 및 대리인의 신원과 위임관계를 **명확히 확인**해 왔으나,

 * 대리인을 통한 **계좌 신규개설시**에는 본인 및 대리인 모두의 **실명확인증표**(본인의 실명확인증표는 사본 가능)와 본인의 **인감증명서**가 첨부된 **위임장**(법인의 경우 **위임관계**를 알 수 있는 서류)을 모두 확인

② 대리인에 의한 일회성 금융거래시에는 **금융실명제 관행*** 때문에 AML 업무규정에 명시되어 있음에도 불구하고 **대리권한 확인**을 미이행

 * **금융실명제 해설서에 따른 실명확인 절차** : 본인 및 대리인 성명·주민번호·연락처·본인과의 관계를 **대리인**이 기재하고, **대리인**의 **실명확인** 후 날인 또는 서명(즉, **본인의 권한 위임관계를 확인할 수 없음**)

③ 그러나, 대리인이 계좌의 실제 소유주인 경우가 빈번하고, 본인이 인지하지 못한 채 송금인 명의로 사용될 가능성 등 **자금세탁의 우려**가 비교적 높아 개선이 필요

④ 아울러 '13.8월 개정된 특정금융거래보고법에 따른 **송금자 정보제공**을 위해서도 대리관계를 명확히 할 필요성

□ 제도개선

① FIU는 **全금융회사**에 대리권한 확인을 실시하도록 '13.11.1 **공문**으로 **통보**

 * 금융실명제 관행에도 불구하고 국제기준 및 AML 업무규정에 따라 일회성 금융거래시 대리인 권한을 확인하되, 제도도입 초기인 점을 감안 **대리권 확인절차**는 **폭넓게 인정**

법인 대리인 일회성 송금시 권한 확인	공문(법인의 대리인 지정 신청서), 위임장, 재직증명서, 사원증, 직장의료보험증, 명함, 전화 녹취, 사업장 방문, 창구담당자 확인서명 등을 폭넓게 인정
개인 대리인 일회성 송금시 권한 확인	본인(송금 명의자)의 신분증(또는 사본), 위임장, 가족관계 확인서류, 인감증명서, 전화 녹취, 창구담당자 확인서명 등을 폭넓게 인정

② **은행권**에서 **우선 실시**('14.2월)하기로 협의하고 고객 **안내문 작성**, 직원 교육, 대리권한 확인 **서식 마련** 및 **전산 변경** 작업 등을 은행들과 공동으로 추진 ('14년 하반기부터는 전 금융업권에서 실시)

이에 따라 한 명의 동일한 대리인이 여러 법인(예 : 건설사 및 여러 하청업체)의 일회성 금융거래를 한꺼번에 처리하거나, 타인의 명의를 임의로 사용하여 무통장 송금을 하거나 주금 가장납입을 하는 등의 고위험 거래 사례들은 상당히 줄어들 것으로 보인다.

그럼에도 불구하고 아직 우리나라에서 '대리인에 의한 일회성 금융거래를 통해 본인의 CDD'를 이행하는 것은 '본인이 직접 대면으로 실시한 CDD' 또는 '대리인이 계좌개설시 이행한 본인의 CDD'와 같은 수준으로 인정하기에는 다소 부족함이 있다.

따라서 우리 금융회사들은 대부분 대리인에 의한 2천만원 이상의 일회성 금융거래시에는 본인 CDD 및 위험평가가 충실하지 못하다고 판단하여 해당 일회성 금융거래에 한해서만 본인 CDD를 허용(즉, 일회성 CDD 운영)하고 있으며, 사후에 본인이 금융창구 방문 거래시 최초 CDD를 이행하도록 하고 있다.

현재 우리나라에서 본인과 대리인의 CDD 이행시 FATF 국제기준 충족 여부를 모두 정리하면 아래 표와 같다.

FATF 국제기준		우리나라에서의 기준 충족 여부	
		본인	대리인
① 계좌의 신규개설(거래관계 수립)		○	○
일회성 금융거래	② USD/EUR 15,000 이상의 일회성 금융거래	○	△
	③ 1천불 이상의 전신송금	×	×
④ 자금세탁 또는 테러자금조달이 의심되는 경우		○	○
⑤ 기존에 확보한 정보의 진위나 타당성이 의심되는 경우		○	○

이러한 부분의 개선을 위해 은행권은 2016년부터 대리인에 의한 일회성 금융거래시의 CDD를 계좌 신규개설시와 같은 수준으로 강화하기 위한 협의를 진행하고 있다.

대리인 CDD 관련 Q&A

1. 대리인에 대해서도 본인과 같이 고객확인(CDD)을 하라고 하는 법적 근거
   는 어디에 있는가?

특정금융거래보고법 시행령 제10조의4 제1호는 "개인(다른 개인, 법인 그 밖의 단체
를 위한 것임을 표시하여 금융거래를 하는 자를 포함한다)"고 명시하고 있음.

또한 업무규정 제38조 제3항에서도 대리인에 대한 고객확인 의무를 명시하고 있음.

2. 대리인은 법적 대리권을 명확히 하여 금융거래에 대한 모든 절차를 대신하
   는 경우부터 본인의 자필서명 계약서 등을 단순히 전달만 하는 경우까지
   다양한데 어느 경우까지를 대리인으로 보아야 하는지?

본인(개인, 법인, 단체)을 대신하여 금융회사와 거래 관계를 체결하거나 금융거래를
수행하는 모든 사람을 대리인으로 보아야 함.

3. D라는 자가 은행을 방문하여 A, B, C 세 명의 계좌를 대리로 개설하거나 각각 2천만원 이상의 일회성 금융거래를 하는 경우 CDD는 어떻게 하여야 하는가?

A, B, C 각각 본인에 대해 CDD를 이행하여야 하며, 대리인 D에 대해서도 본인과 같은 방법으로 CDD를 이행하여야 함. 또한 D가 A, B, C 각각으로부터 정당한 권한을 위임받았는지도 확인하여야 함.

다만, 이와 같은 동일 대리인에 의한 다수 명의의 신규계좌 개설 및 일회성 금융거래의 경우에는 CDD 이행과는 별도로 자금세탁의 위험이 높으므로, 이들 계좌의 신규개설 및 금융거래가 합리적 사유가 있는지 확인하고 의심되는 합당한 근거가 있는 경우에는 STR을 하여야 할 것임.

4. A명의의 통장을 대리인 B가 지참하고 와서 2천만원을 현금 출금하여, A의 명의로 C에게 무통장 송금할 경우 CDD 대상은?

계좌에 의한 계속적 거래로 인한 현금 출금은 CDD 대상이 아니나, 무통장 송금하는 경우 계좌명의인 겸 송금의뢰인 A와 대리인 B가 CDD 대상임.

다만, A의 경우에는 계좌개설시 이미 CDD가 수행되어 있을 것이므로 재이행 주기 도래 또는 위험도의 변화가 없는 경우에는 생략이 가능함.

5. A명의의 통장을 대리인 B가 지참하고 와서 2천만원을 현금 출금하여, B명의(또는 제3자인 D명의)로 C에게 무통장 송금할 경우 CDD 대상은?

송금 의뢰인 B(송금 명의자가 D인 경우 D와 대리인 B 모두)가 CDD 대상임.

D의 명의로 무통장 송금하는 경우에는 D의 권한 위임을 확인하여야 함.

또한 합리적인 사유 없이 위와 같은 방법으로 거액의 송금이 이루어지는 경우에는 STR을 검토하는 것이 바람직할 것임.

6. 대리인에 의한 2천만원 이상의 일회성 금융거래시 대리권한 확인 및 본인과 대리인에 대한 CDD가 이행되었으므로 향후 금융창구를 방문하지 않은 본인의 CDD는 재이행 주기까지 이행하지 않아도 되는 것인가?

우리나라의 대리인에 의한 일회성 금융거래시의 CDD는 금융실명법제 관행에 따라 이루어져 왔으므로 현재까지는 국제기준에 따른 본인 CDD로 인정하기는 곤란함.

이는 무통장 송금거래시 본인의 실명확인증표 없이 대리인의 실명확인증표에 의해 금융거래를 하는 것이 가능했기 때문임.

따라서 이와 같은 경우에는 당일 또는 당건의 일회적 CDD만 이행된 것으로 보는 것이 타당하며, 향후 본인이 금융거래를 위해 창구를 방문하는 경우 CDD를 새롭게 이행하여야 함.

7. 위 6번의 경우 금융회사가 대리인 CDD 이행시 신규계좌 개설시와 같은 방법으로 권한 확인 및 관련 서류를 징구하는 방법으로 본인 및 대리인의 CDD를 이행하였다면 본인의 CDD를 인정할 수 있는가?

일회성 금융거래시에도 계좌 신규개설시와 같은 방법으로 본인 및 대리인에 대한 CDD가 이루어졌다면 당연히 본인의 CDD는 일회성 금융거래시 완전하게 이루어졌다고 보아야 할 것임. 다만 이 경우에도 모니터링 및 STR 검토 등의 주의의무는 지속되어야 함.

예) 개인 : 본인과 대리인의 실명확인증표, 위임장, 본인의 인감증명서 원본

법인 : 법인과 대리인의 실명확인증표, 법인 대표자의 위임장(법인인감 날인) 및 법인인감증명서 또는 위임관계 확인서류 원본 등

8. 손해보험 등의 경우 사고보험금을 지급받기 위해 보험수익자의 직계존비속이 대리인으로 온 경우에는 CDD를 어떻게 하여야 하는가?

사망 또는 사고 등에 의한 보험금 지급의 경우에는 자금세탁의 위험이 낮은 것이 사실이나 고객확인의무를 생략할 수 있는 경우는 아니며, 대리인이 직계존비속이라 하여도 고객확인을 본인에 준하여 이행하여야 함.

다만 직계존비속이 대리인이 아닌 보험수익자의 자격으로 보험금을 지급받는 경우에는 감독규정 제23조(거래 후 고객확인을 할 수 있는 경우) 제2호에 따라 "상법 제639조에서 정하는 타인을 위한 보험의 경우 청구권자에게 지급금액을 지급하는 때 또는 지급금액에 관한 청구권이 행사되는 때"에 고객확인을 수행하여야 하므로 보험금 지급시 또는 청구권이 행사되는 때에 CDD를 이행하면 됨.

9. 보험계약 체결은 본인에 의하여 이루어졌으나 제지급금 청구 또는 보험금 수령시 변호사 등 대리인에 의한 금융거래가 이루어지는 경우가 있는데, 이 경우 해당 대리인에 대하여 고객확인의무를 수행하여야 하는가?

제지급금 청구 또는 보험금 수령 등이 대리인에 의하여 이루어지는 경우 시행령 제10조의4에 따라 당연히 변호사 등 대리인에 대해서도 본인에 준한 고객확인이 이루어져야 함.

10. 법인 고객의 경리계 직원들이 법인을 대신하여 돌아가며 2천만원 이상의 일회성 금융거래를 하는 경우와 같이 대리인이 거래시마다 바뀐다면 그때마다 CDD를 하여야 하는가?

시행령 제10조의4에 따라 법인 대리인에 대해서 CDD를 이행하여야 함. 동일한 법인 고객이므로 법인에 대한 CDD는 생략되더라도 질문과 같이 대리인이 거래시마다 계속 바뀐다면 바뀐 대리인(CDD가 이행되지 않은 대리인)에 대해서는 위험평가 및 CDD를 이행하여야 함.

이때 대리인의 권한 확인을 매번 수행하는 불편을 덜기 위해서는 법인 명의의 공문 등을 통해 법인의 대리역할을 수행할 경리계 직원들의 명단을 금융회사에 사전에 일괄 통보하는 방법을 활용할 수 있을 것임.

> **11. 미성년자인 계약자를 대신한 친권자의 계좌개설시 CDD는?**

미성년자 본인과 대리인인 친권자에 대하여 각각 CDD를 이행하여야 함.

> **12. 대리인에 의한 계좌 신규개설시 본인(계좌주)의 자금세탁 위험이 높은 것으로 평가되어 EDD를 수행해야 할 경우 대리인이 본인의 EDD 정보까지도 대신해서 제공하는 것을 인정할 수 있는가?**

대리인에 의한 계좌의 신규개설시에는 본인의 신원에 관한 사항뿐만 아니라 거래목적 및 자금의 원천, 실제 소유자 정보 제공 등에 대한 모든 권한을 위임한 것으로 보아야 하므로 대리인이 제공한 본인의 EDD 정보를 인정할 수 있을 것임. 또한 현행 제도는 금융회사의 현실을 감안하여 EDD 정보의 검증을 필수로 요구하고 있지 않은 점도 감안해야 할 것임.

다. 실제 소유자 신원확인 및 검증

금융회사 등은 CDD 이행을 위해 고객뿐만 아니라 계좌의 실제 소유자에 대해서도 신원을 확인하여야 한다. 실제 소유자(Beneficial Owner)에 대한 FATF의 정의는 다음과 같다.

(FATF 주석서 용어집 정의)

실제 소유자 : 거래고객을 궁극적으로 지배하거나 통제하는 **자연인** 또는 대행 거래의 실질적 혜택을 보는 당사자

금융회사가 계좌 명의인 여부를 막론하고 해당 금융거래를 통해서 궁극적이고 실제적인 혜택을 보는 자연인을 확인함으로써 타인이나 특히 법인 명의 등을 이용(차명 거래)하여 자금세탁 행위를 하고자 하는 자를 파악하기 위한 것이다. 즉, FATF 권고사항에서는 익명·가명에 의한 계좌개설은 명시적으로 금지하고 있으나 차명거래 관련 금지에 대한 언급이 없다. 그러나, 실제 소유자 확인 및 검증 제도를 통해 차명에 의한 자금세탁 위험을 방지하고 있다.

이러한 FATF의 실제 소유자 정의를 우리나라 법제에 그대로 가져오는 것은 금융회사의 업무 부담을 과도하게 증대시킬 것이라는 우려에 따라 2008년 AML 가이드라인 도입시에는 실제 소유자 정의를 아래와 같이 규정하였다.

(AML 지침작성을 위한 가이드라인(2008) 정의)

실소유자[27] : 궁극적으로 고객을 지배하거나 통제하는 **자연인 또는 법인**

---

27) 2014.5월 특정금융거래보고법 개정 이전까지는 Beneficial Owner를 실소유자로 번역하여 사용.

가이드라인에서 이렇게 실제 소유자를 자연인 또는 법인으로 규정한 이유는 금융회사가 법인의 실제 소유자를 확인하기 위해 먼저 최대 지분 소유자를 확인하는 과정에서 최대지분 소유자가 법인인 경우 최종적인 자연인을 찾아내기 위해 끊임없이 법인의 지분 구조를 파악해야 하는 노력과 부담을 줄여주기 위하여, 지분의 1차 확인만으로 실제 소유자 확인의무를 비교적 간단히 이행하도록 하기 위함이었다.

그러나 FATF는 우리나라에 대한 상호평가를 통해 이러한 정의가 FATF의 정의와 일치하지 않으며, 법인의 복잡한 지배구조를 파악하지 않도록 규정하고 있어 우려스럽다고 언급했다.

또한 당시 가이드라인에서 "개인고객의 경우 기본적으로 고객과 실소유자가 동일하다고 추정한다"라는 가정 및 "고객과 실소유자가 일치하지 않은 사실을 인지한 경우라도 자금세탁 위험이 높을 때에 한하여 실소유자를 확인"하도록 한 규정 등도 국제기준과 부합하지 않는다고 함께 지적하였다.

사실 이는 당시 우리의 실제 소유자 확인규정의 문제점을 정확히 간파한 것이었다. FATF 정회원 가입 및 상호평가를 위해 국제기준의 개념은 가져오되 금융회사와 고객의 부담을 최소화하는 선에서 규정되었기 때문이었다.

결국 FATF의 이러한 지적에 따라 2010년 업무규정 제정시에는 실제 소유자 관련 사항을 다음과 같이 규정하게 되었다.

(업무규정)

제41조(실제 당사자) ① 금융회사 등은 고객을 궁극적으로 지배하거나 통제하는 자연인(이하 '실소유자'라 한다)이 누구인지를 신뢰할 수 있는 관련정보 및 자료 등을 이용하여 자금세탁 등의 **위험도에 따라** 그 신원을 확인하여야 한다.

> ② 금융회사 등은 법인고객의 실제 거래당사자 여부가 의심되는 등 고객이 자금세탁행위 등을 할 우려가 있는 경우 실제 당사자 여부를 파악하기 위하여 필요한 조치를 하여야 한다.

위와 같이 업무규정에서는 FATF의 실제 소유자 정의를 그대로 가져왔으나, 여전히 위험도에 따라 실제 소유자를 확인하도록 하거나, 법인의 경우 실제 당사자 여부만을 파악하도록 하는 등[28] 국제기준을 완전하게 충족할 수는 없었다. 또한 금융관행에 충격을 줄 수 있는 이러한 기준을 하위 규정에서만 언급하는 것은 근본적으로 한계가 있으므로 법으로 규정할 필요가 있었으나, 실제 소유자 확인 의무를 국제기준과 같은 수준으로 법에서 규정하고자 하는 것은 당시 금융거래 관행으로서는 매우 어려울 수밖에 없는 상황이었다.

하물며 2006년 우리나라에 고객확인제도를 처음으로 도입[29]하면서 FATF의 실제 소유자 정의에 따라 금융회사가 이를 이행하게 하는 것은 사실상 불가능했을 뿐만 아니라, 금융실명법 위반의 소지 등도 있었으므로 법에서는 실제 소유자의 개념 정의 없이 "실제 당사자 여부"만을 확인하도록 의무를 부과하였던 것으로 보인다.

---

28) 2010년 업무규정 제정 당시 규제개혁위원회는 실제 소유자 확인 관련 규정이 실제 거래당사자 여부가 의심되는 등의 경우에 한정하여 실제 당사자 여부를 확인하도록 한 상위법(법 제5조의2 제1항 제2호)을 넘는 과도한 규제라고 지적하며 금융회사가 모든 법인에 대해 이를 파악하는 것은 곤란하다며 철회를 권고하였다가 국제기준을 일부 수용하여 위와 같이 규정함에 동의하였음.
29) CDD와 CTR(고액현금거래보고)제도 도입을 위한 법률은 2005년 1월 17일 개정되었고, 1년이 경과한 2006년 1월 18일부터 시행되었음.

> (특정금융거래보고법) (2005.1~2014.5)
>
> 제5조의2(금융회사등의 고객 확인의무) ① 생략
>   1. 생략
>   2. **실제 거래당사자 여부가 의심**되는 등 고객이 자금세탁행위나 공중협박자금
>   조달행위를 할 우려가 있는 경우 : **실제 당사자 여부**와 금융거래 목적의 확인

금융실명법은 금융회사가 고객과 금융거래시 실지명의에 의해 거래를 하도록 법 제3조 제1항에서 명시하고 있고, 금융회사 임직원이 이를 위반하는 경우 과태료 부과 및 신분상 제재[30] 등을 받게 함으로써 금융회사 임직원의 차명거래 알선과 적극적 개입행위를 원천적으로 금지하고 있다.

따라서 금융회사가 실제 소유자 확인 등 고객확인의무 이행을 통해 제3자의 실지명의 확인 및 제3자 예금임을 인지한 경우에도 거래를 지속한다면 이는 금융회사 임직원의 차명거래 개입 등 금융실명법 위반의 소지가 있었기 때문에, 법 제정 당시 금융회사가 실제 거래 당사자 여부만을 확인하도록 하고 실제 거래 당사자의 구체적 신원까지 확인하도록 하는 의무는 도입하지 못하였던 것으로 판단된다. 아울러 설혹 금융회사에서 고객이 실제 당사자가 아님을 인지하였다 할지라도 수사·조사권한이 없는 민간 기관이 의심거래보고를 하도록 하는 것 외에 실제 당사자의 신원을 파악하여 확인하도록 하는 것은 과도하다는 시각 또한 지배적이었던 것이 사실이다.

그러나 2013년 조세 포탈, 기업인 비자금 조성 등 불법 목적의 금융거래 사건들로 인해 차명거래를 통한 자금세탁의 방지 필요성이 대두되고, 일부 국회의원들에 의해 금융실명법뿐만 아니라 특정금융거래보고법 개정안이 발

---

30) 신분상 제재는 "금융위원회의 설치 등에 관한 법률" 및 동법 시행령, 금융업 관련법 및
   그 시행령과 기타 관계법령에 의하여 금융감독원장이 정하는 "금융기관 검사 및 제재에
   관한 규정"에 따름.

의됨에 따라 2014년 5월 마침내 국제기준에 따른 실제 소유자 정의와 함께 실제 소유자 확인 의무가 아래와 같이 특정금융거래보고법 제5조의2에 추가되었다.

(특정금융거래보고법) (2014.5월 개정, 2016.1월 시행)

제5조의2(금융회사등의 고객 확인의무) ① 생략
 1. 〈생략〉
 가. 대통령령으로 정하는 고객의 신원에 관한 사항
 나. **고객을 최종적으로 지배하거나 통제하는 자연인**(이하 이 조에서 "실제 소유자"라 한다)에 관한 사항. 다만, 고객이 법인 또는 단체인 경우에는 대통령령으로 정하는 사항
 2. 고객이 **실제 소유자인지 여부가 의심**되는 등 고객이 자금세탁 행위나 〈이하 생략〉

이상에서 우리는 실제 소유자에 대한 정의 조항들을 살펴보았다. 이러한 정의에 따라 FATF 국제기준은 실제 소유자에 대한 확인 및 검증의 방법을 아래와 같이 언급하면서, 특히 "법인 및 법률관계의 실제 소유자" 확인·검증과 관련하여 대상과 방법을 상당히 구체적으로 적시하고 있다.

(FATF 권고사항 10)

CDD는 다음과 같이 수행되어야 한다.

(b) 실제 소유자의 신원을 확인하고 실제 소유자의 신원을 검증하기 위한 합리적인 조치를 취함으로써 금융회사가 그 계좌의 **실제 소유자가 누구인지 파악**할 수 있어야 한다. 법인 및 법률관계의 경우 금융회사는 **법인 등의 소유권과 지배구조를 파악**하여야 한다.

(FATF 기술적 평가방법론)

10.5 금융회사는 실제 소유자가 누구인지 알 수 있도록, 신뢰성 있는 출처로부터 입수한 정보를 이용하여 **실제 소유자의 신원을 파악하고 이를 검증**하기 위한 합리적인 조치를 취하여야 한다.

10.10 **법인 고객**에 대해 금융회사는 다음 정보를 통해 실제 소유자의 신원을 확인·검증하기 위한 합리적 조치를 취하여야 한다.

  (a) 법인의 **최종적인 지배지분**을 가진 **자연인**(존재할 경우[31])의 신원;

  (b) 지배지분을 가진 자가 실제 소유자인지 여부가 의심되거나 지분을 통해 지배력을 행사하는 자연인이 존재하지 않을 경우 해당 법인·법률관계에 대해 다른 방식을 통해 지배력을 행사하는 자연인(존재할 경우)의 신원;

  (c) (a) 또는 (b)에 해당하는 자연인이 존재하지 않을 경우 **고위 경영진**의 직책에 있는 자연인

10.11 **법률관계 형태의 고객**에 대해 금융회사는 다음 정보를 통해 실제 소유자의 신원을 확인·검증하기 위한 합리적 조치를 취하여야 한다.

  (a) **신탁의 경우** : 위탁자, 수탁자, 보호자(존재할 경우), 수익자 또는 수익자 집단, 기타 신탁에 대한 최종적 지배력을 행사하는 자연인(다층적 지배구조를 통한 경우 포함)

  (b) 기타 다른 형태의 법률관계의 경우 : 상기와 동등하거나 유사한 지위에 있는 자의 신원

---

31) FATF 주석서에서 "소유구조는 매우 다양하기 때문에 법인 또는 법률관계 소유권을 통해 지배권을 행사하는 자연인이 없을 수 있다"고 언급하면서 그러한 자가 있을 경우에 적용된다고 명시.

10.12 고객 및 **실제 소유자**에 대한 CDD 절차와 함께 생명보험 및 기타 투자관련 보험계약의 수익자에 대해서도 해당 수익자가 파악·지정되는 즉시 다음 CDD 절차를 수행해야 한다. 〈이하 생략〉

10.13 금융회사는 강화된 CDD(EDD) 적용 여부를 결정할 때, 생명보험 수익자를 관련 위험 요소로 포함해야 한다. 만약 금융회사가 법인 또는 법률관계인 **수익자가 고위험**이라고 판단할 경우, 금융회사는 **보험금 지급시 수익자의 실제 소유자를 확인·검증하기 위한 합리적인 조치를 포함한 강화된 CDD 조치를 수행**해야 한다.

2012년 개정된 FATF의 실제 소유자 관련 권고사항 및 기술적 평가방법론은 이전과 비교하여 특히 생명보험 수익자와 그 실제 소유자에 대한 부분을 매우 강조하고 있다는 점도 유념할 필요가 있다. 따라서 향후 우리나라 생명보험사들도 생명보험 수익자의 CDD 뿐만 아니라 수익자가 고위험 법인인 경우 수익자의 실제 소유자에 대해서도 확인·검증하기 위한 합리적인 조치를 고민해야 할 것으로 보인다.

한편 우리나라에서 개인의 실제 소유자 확인은 2008년 가이드라인에서 개인 고객과 실제 소유자가 동일하다고 간주함을 공식적으로 명기한 것 때문에, 비록 지난 상호평가를 통해 지적을 받았으나, 타국의 사례를 보아도 법인과 달리 개인의 실제 소유자 확인은 크게 중시되지 않고 있으며 사실상 본인으로 추정하는 경우를 많이 발견할 수 있다.

예를 들면 FATF 국제기준은 아니지만 영국의 자금세탁방지규정인 JMLSG도 개인고객의 실제 소유자와 관련하여 아래와 같이 언급하고 있음을 참고할 필요가 있다.

> (JMLSG)
>
> 5.3.8 **개인고객의 경우 득별한 상황이 아니라면 고객과 실제 소유자는 동일하다.** 따라서 개인고객을 상대하는 금융회사는 실제 소유자를 확인하는 절차를 반드시 이행할 필요는 없으나, **타인을 위한 거래가 의심되는 경우에는 적절한 질문을 통하여 다른 실제 소유자가 존재하는지** 확인하여야 한다.
>
> 5.3.9 실제 소유자가 따로 존재하는 개인고객의 경우 금융회사는 **고객과 실제 소유자 모두의 신원을 동일하게 확인**하여야 한다.

2015년 12월에 개정된 특정금융거래보고법 시행령에서는 개인고객의 실제 소유자를 확인할 때 그 사람의 실지명의 및 국적(외국인인 경우)을 확인하도록 의무를 부과하면서 아래와 같이 개인 실제 소유자의 예시를 들고 있다.

> **(시행령 제10조의5) 실제 소유자에 대한 확인**
>
> ① 금융회사 등은 법 제5조의2 제1항 제1호 나목 본문에 따라 **개인인 고객의 실지명의로 금융거래를 하기로 하는 약정 또는 합의를 한 다른 개인 등** 고객을 최종적으로 지배하거나 통제하는 사람(이하 이 조에서 "실제 소유자"라 한다)이 있으면 그 사람의 **실지명의 및 국적**(그 사람이 외국인인 경우로 한정한다. 이하 이 조에서 같다)을 확인하여야 한다.

사실 실제 소유자(자연인)의 신원에 관한 사항은 고객의 신원에 관한 사항과 같은 수준으로 파악해야 하므로 시행령 제10조의4 제1호에서 규정하고 있는 바와 같이 개인의 실지명의, 주소, 연락처를 모두 확인해야 하나, 이는 국제적 기준으로도 상당히 어려울 뿐만 아니라 국내에 동 제도를 처음 도입하면서 이런 수준을 요구하는 것은 제도 정착을 매우 어렵게 할 것이라는 정책적 판단에 따라 개인고객의 실제 소유자는 실지명의와 국적 정보만을,

법인고객의 실제 소유자는 성명, 생년월일, 국적 정보만을 확인하는 것으로 일단 규정이 되었다. 향후 우리나라에서 동 제도 이행이 원활히 정착된다면 장기적으로는 실제 소유자에 대해서도 개인 고객의 신원확인 정보와 같은 수준을 요구하게 될 것으로 예상된다.

한편 개정된 특정금융거래보고법 제5조의2 제1항 제1호 나목 단서에 따라 법인 또는 단체에 대한 실제 소유자 확인은 개정 시행령 제10조의5 제2항 내지 제5항에서 규정하고 있다. 시행령은 앞에서 언급한 FATF의 기술적 평가 방법론(특히 10.10)을 참고하여 마련되었으며 아래와 같다.

(시행령 제10조의5) 실제 소유자에 대한 확인

② 금융회사 등은 법 제5조의2 제1항 제1호 나목 단서에 따라 법인 또는 단체인 고객의 실제 소유자로서 다음 각 호의 어느 하나에 해당하는 사람이 있으면 그 실제 소유자의 성명, 생년월일(제3호의 경우는 제외한다) 및 국적을 확인하여야 한다. 이 경우 제1호에 해당하는 사람을 확인할 수 없는 때에는 제2호에 해당하는 사람을, 제2호에 해당하는 사람을 확인할 수 없는 때에는 제3호에 해당하는 사람을 각각 확인하여야 한다.

1. 해당 법인 또는 단체의 의결권 있는 발행주식총수(출자총액을 포함한다. 이하 이 조에서 같다)의 100분의 25 이상의 주식, 그 밖의 출자지분(그 주식, 그 밖의 출자지분과 관련된 증권예탁증권을 포함한다. 이하 이 조에서 같다)을 소유하는 자(이하 이 조에서 "주주등"이라 한다)

2. 다음 각 목의 어느 하나에 해당하는 사람
   가. 해당 법인 또는 단체의 의결권 있는 발행주식총수를 기준으로 소유하는 주식, 그 밖의 출자지분의 수가 가장 많은 주주등
   나. 단독으로 또는 다른 주주등과의 합의·계약 등에 따라 대표자·업무집행사원 또는 임원 등의 과반수를 선임한 주주등

　　다. 해당 법인 또는 단체를 사실상 지배하는 자가 가목 및 나목에 해당하는
　　　　주주등과 명백히 다른 경우에는 그 사실상 지배하는 자

　3. 해당 법인 또는 단체의 대표자

③ 제2항 각 호 외의 부분 후단에도 불구하고 같은 항 제1호 또는 제2호 가목에
따른 주주등이 다른 법인 또는 단체인 경우에는 그 주주등인 법인 또는 단체의
중요한 경영사항에 대하여 사실상 영향력을 행사할 수 있는 사람으로서 다음 각
호의 어느 하나에 해당하는 사람이 있으면 그 사람의 성명, 생년월일 및 국적을
확인할 수 있다. 이 경우 제1호 또는 제2호 가목에 해당하는 자가 또 다른 법인
또는 단체인 때에는 그 또 다른 법인 또는 단체에 대하여 다음 각 호의 어느 하
나에 해당하는 사람의 성명, 생년월일 및 국적을 확인할 수 있다.

　1. 의결권 있는 발행주식총수의 100분의 25 이상을 소유하는 주주등

　2. 다음 각 목의 어느 하나에 해당하는 자
　　가. 의결권 있는 발행주식총수를 기준으로 소유하는 주식, 그 밖의 출자지분
　　　　의 수가 가장 많은 주주등
　　나. 단독으로 또는 다른 주주등과의 합의·계약 등에 따라 대표자·업무집행
　　　　사원 또는 임원 등의 과반수를 선임한 주주등
　　다. 그 주주등인 법인 또는 단체를 사실상 지배하는 자가 가목 및 나목에 해
　　　　당하는 주주등과 명백히 다른 경우에는 그 사실상 지배하는 자

④ 제2항 및 제3항을 적용할 때 제2항 제1호 또는 제2호나 제3항 제1호 또는
제2호에 해당하는 자가 여러 명인 경우에는 의결권 있는 발행주식총수를 기준으
로 소유하는 주식, 그 밖의 출자지분의 수가 가장 많은 주주등을 기준으로 확인하
여야 한다. 다만, 금융거래를 이용한 자금세탁행위 및 공중협박자금조달행위를 방
지하기 위하여 필요하다고 인정되는 경우에는 제2항 제1호 또는 제2호나 제3항
제1호 또는 제2호에 해당하는 자의 전부 또는 일부를 확인할 수 있다.

⑤ 제2항부터 제4항까지의 규정에도 불구하고 법인 또는 단체인 고객이 다음 각 호의 어느 하나에 해당하는 경우에는 제2항 및 제3항에 따른 확인을 하지 아니할 수 있다.

1. 국가 또는 지방자치단체
2. 법 제4조의2 제1항 제2호에 따른 공공단체
3. 다른 금융회사 등(제8조의4에 따른 카지노사업자는 제외한다)
4. 「자본시장과 금융투자업에 관한 법률」 제159조 제1항에 따른 사업보고서 제출대상법인

국제기준을 국내 법적으로 정리하는 과정(법제처 심사과정)에서 매우 복잡하게 표현되었으나 법인 또는 단체의 실제 소유자 확인 관련 시행령을 요약하면 다음과 같다.

① 투명성이 보장되거나 정보가 공개된 **국가·지자체·공공단체·금융회사** 및 **사업보고서 제출대상법인**의 경우 실제 소유자 확인의무 생략 가능

② 다음과 같이 **3단계**로 실제 소유자를 파악

(1단계) 100분의 25 이상의 **지분증권을 소유한** 사람(자연인)

↓ (1단계에서 확인할 수 없는 경우)

(2단계) ①, ②, ③ 중 택일(필요시 전부 확인도 가능)

① 대표자 또는 임원·업무집행사원의 과반수를 **선임**한 주주(자연인)
② **최대 지분증권**을 소유한 자
③ ①·②외에 법인·단체를 **사실상 지배**하는 사람(자연인)

---

* 단, 최대 지분증권 소유자가 법인 또는 단체인 경우, 금융회사는 3단계로 바로 가지 않고 최종적으로 지배하는 사람을 추적하는 것을 선택할 수 있음

↓ (2단계에서 확인할 수 없는 경우)

(3단계) 법인 또는 단체의 대표자

* 금융회사는 주주, 대표자, 임원 등을 **법인등기부등본, 주주명부** 등을 통해 확인 가능

③ 파악된 실제 소유자의 **성명, 생년월일, 국적(외국인의 경우)**을 확인

"투명성이 보장되거나 정보가 공개된 국가·지자체·공공단체·금융회사 및 사업보고서 제출대상 법인의 경우 실제 소유자 확인의무 면제 가능"과 관련하여 FATF 국제기준에서는 "증권거래소 등에 상장되어 있으면서 공시의무를 지는 법인"에 대해서만 실제 소유자 확인이 생략 가능한 것으로 언급하고 있으나, 우리 법령에서는 국가·지방자치단체·공공단체 및 금융회사의 경우 실제 소유자 확인의 실익이 없으므로 고액현금거래보고(CTR) 제외대상과 동일하게 실제 소유자 확인 의무를 생략할 수 있도록 하였다.

참고로 금융정보분석원(FIU)은 실제 소유자 확인 생략 가능 대상을 시행령에 반영하는 과정에서 FATF 국제기준이나 업무규정 제40조 제2항 제3호에서와 같이 '주권 상장법인 및 코스닥 상장법인 공시규정에 따라 공시의무를 지는 상장법인'으로 규정하고자 하였으나, 이러한 상장법인 등의 개념도 법제처 심사과정에서 『자본시장과 금융투자업에 관한 법률』 제159조 제1항에 따른 '사업보고서 제출대상 법인'[32]으로 변경되었다.

---

32) 사업보고서 제출대상법인은 그 사업보고서를 각 사업연도 경과 후 90일 이내에 금융위원회와 거래소에 제출하여야 함. 2015년 11월 현재 2,401개의 사업보고서 제출대상법인 (이 중 상장법인은 1,901개)

따라서 증권거래소나 코스닥시장에 상장되어 있지는 않으나 사업보고서 제출 의무를 지닌 500여 개의 '주식회사의 외부감사에 관한 법률(이하 '외감법'이라 한다)상 법인33)'이 실제 소유자 확인 생략 가능 대상에 함께 포함된 점에 유의할 필요가 있다.

이는 국제기준보다 다소 폭넓은 개념일 뿐만 아니라 외감법상 법인 모두가 공시의무를 지는 것이 아니기 때문에 금융회사 일선 창구에서는 이들 외감법상 법인들의 실제 소유자 확인 생략 여부를 판단하기가 어려워지게 되어 금융회사의 업무 부담은 증가되었다고 할 것이다.

이와 같이 국제기준을 국내로 가져와 법규화 하는 과정에서 너무도 엄격히 국내 타 법규들과 같은 잣대로 규정하고자 하는 것은 실제 외국에서 운영되는 제도와 비교할 때 다소의 갭이 발생하는 경우가 많으며, 또한 특정 개념을 명확히 하여 국내 금융회사의 부담을 줄여 주고자 하는 법률 전문가들의 선의가 명확한 개념 규정을 위해 복잡한 법문들이 나열됨에 따라 오히려 금융회사 직원 및 일반인들의 이해를 더 어렵게 하거나 금융회사에 의도하지 않은 새로운 업무부담을 주는 경우를 '자금세탁방지제도' 운영과 관련하여서도 종종 경험하게 된다.

타 법률의 정의나 용어를 그대로 가져오지 않고 실제 생활의 용어를 사용하는 것이 금융회사 직원 및 일반인들에게 더 분명하게 그 뜻을 전달할 수 있는 경우에는 법적 용어로도 사용할 수 있는 것이 아닌가라는 법률 전문가가 아닌 사람으로서의 아쉬움을 가지고 있으며, 이러한 경험이 저자가 동 해설서를 쓰게 된 또 하나의 이유이기도 할 것이다.

---

33) 외감법상 법인 중 증권소유자수가 500인 이상인 경우에만 사업보고서 제출대상임.

각설하고, 앞서 요약된 그림과 같이 법인 또는 단체의 실제 소유자 확인은 3단계로 이루어지는데 1단계는 먼저 주주명부(기본적으로 고객으로부터 주주명부를 입수하는 것이 원칙) 또는 신용정보조회시스템(주주명부 입수가 어렵거나 고객이 제출한 주주명부 등을 신뢰할 수 없는 경우 또는 고위험 법인의 경우) 등을 통해 법인의 지분구조를 확인하는 과정을 거치게 된다.

이때는 법인 또는 단체 지분의 25% 이상을 가진 자연인이 존재하는지만 확인하면 된다. 25% 이상의 지분을 가진 자연인이 있는 경우에는 그 사람을 실제 소유자로 간주하여 그 사람의 성명, 생년월일, 국적(외국인의 경우)을 확인하고 전산입력 또는 기재하면 된다.

반대로 A라는 법인의 지분구조 확인 결과 40%의 지분을 가진 법인B가 있으나 25% 이상의 지분을 가진 자연인이 없는 경우에는, 금융회사는 1단계에서는 실제 소유자를 확인하지 못하고 이러한 과정을 거쳤다는 것만을 전산시스템 또는 문서 등에 체크하고 다음 단계로 넘어가면 된다.

2단계에서는 먼저 법인·단체의 대표자 또는 임원 등의 과반수를 선임하는 자연인이 있는지 확인한다. 금융회사가 이를 확인할 수 없는 경우에는 다음 단계로 최대 지분 소유자를 확인한다. 즉, 25% 이상의 지분을 가지고 있지는 않으나 최대 지분을 소유(예를 들면, 15%의 지분을 소유)한 자연인 갑(甲)을 우선 확인한다.

이 경우 최대 지분을 소유(예를 들면, 30%의 지분을 소유)한 법인이 별도로 존재하는 경우가 문제가 되는데, 글로벌 금융회사들은 최대지분 소유 법인의 궁극적 자연인 을(乙)을 끝까지 파악하고, 최대지분 소유 자연인 갑(甲)과의 관계를 확인할 수 없는 경우 갑(甲)과 을(乙) 모두를 기록하여 관리하는 것이 일반적이다. 그러나 국내에서 동 제도를 처음 도입하면서 이러한 것을 모두 의무화하는 것은 무리일 뿐만 아니라 계좌개설이 신청 당일날 이루어지는 우리 금융현실에서는 어려울 수밖에 없다.

따라서 우리나라에서는 일단 갑(甲)을 실제 소유자로 등록하는 것이 가능하며, 국제 기준에 따라 을(乙)을 추적·확인하는 것도 선택할 수 있도록 하였다. 즉, 현재로서는 갑, 을 중 하나만 선택하여 실제 소유자로 등록할 수도 있고, 외국의 사례와 같이 모두를 등록하는 것도 가능하다. 실제 소유자 확인과 관련하여 일부 또는 전부를 확인할 수 있도록 한 법적 근거는 시행령 제10조의5 제4항의 단서 부분이다. 향후 동 제도가 정착되면 대형 금융회사들은 자연히 국제적 운영사례를 따라가게 될 것으로 예상된다.

이러한 방법으로도 특정한 실제 소유자를 확인할 수 없는 경우, 즉 최대지분 소유 법인의 궁극적 자연인 파악이 어렵고, 최대지분 소유 개인을 특정할 수도 없는 경우에는 기타 그 밖의 방법으로 법인 또는 단체를 사실상 지배하는 자연인이 있는지를 확인한다.

2단계의 확인 방법은 주주명부, 신용정보조회시스템뿐만 아니라 이미 입수한 법인등기부등본을 참고하여 고객에 대한 문서적·비문서적 질문 또는 실제 소유자 확인 서식 등을 통해 입수할 수도 있고, 언론보도 등의 검색을 활용할 수도 있으나, 최대 지분증권 소유자 외에는 사실상 금융회사가 확인할 수 없는 경우가 많이 발생할 것으로 예상된다.

이러한 현실적 한계에 따라 우리 법규뿐만 아니라 FATF 국제기준도 마지막 3단계에서는 법인 또는 단체의 대표자(고위 경영진)를 확인[34]하도록

---

34) 특정금융거래보고법 시행령 개정을 위한 법제처 협의 과정에서 법인 또는 단체의 대표자를 실제 소유자 확인의 3단계에서 확인하는 경우에는 시행령 제10조의4 제2호 내지 4호에서 개정하여 정한 바와 같이 성명만(외국인의 경우 국적 추가)을 확인하도록 변경되었다. 즉, 실제 소유자로서의 법인 대표자 정보에서는 타 실제 소유자와 달리 생년월일을 받아야 하는 근거가 삭제된 것이다. 실제 소유자인 자연인에 대한 신원확인 정보는 시행령 제10조의4 제1호와 같은 것이 국제적인 원칙이나 우리나라에서 이를 모두 확인토록 하는 것은 너무나 이행하기 어렵기 때문에 이를 간소화하여 성명, 생년월일,

하고 있다.

시행령이 위와 같이 단계별로 법인 또는 단체의 실제 소유자 확인 절차를 규정한 것은 신협, 새마을금고 등 소규모 금융회사들도 동 제도를 실효성 있게 이행할 수 있도록 최소한의 확인 절차는 반드시 거치도록 명료하게 규율할 필요가 있었기 때문이다.

예를 들어 첫 단계부터 법인A의 25% 이상 최대지분 소유자인 법인B를 확인하고, 법인B의 실제 소유자를 또다시 찾아들어가게 하는 것은 소규모 금융회사에 과도한 부담을 주게 될 것이다. 그렇다고 이러한 과정을 별다른 확인 절차없이 통과하도록 하게 되면 금융회사가 결국 법인A의 대표자 성명만 확인하게 됨으로써 기존의 시행령 제10조의4에서 규정했던 법인의 신원확인(대표자 실지명의 포함)만을 이행한 수준보다 못한 결과가 초래되어, 어렵게 도입한 실제 소유자 확인제도를 형해화(形骸化)할 우려가 있기 때문이었다.

또한 금융회사 입장에서 감독·검사기관의 검사시 동 제도이행에 대한 입증자료로 활용할 수 있도록 하기 위한 목적도 있었다.

한편 본점 또는 모회사가 선진국인 금융회사 및 외국계 금융회사, 글로벌 기준을 충족해야 할 필요가 있는 대형 은행 등은 국제 기준에 따라 실제 소유자를 확인하는 방법을 선택할 수 있도록 하는 법적 기반도 마련할 필요

국적만으로 정한 것임에도 불구하고 이러한 고객확인 업무에 대한 이해가 부족한 담당자에 의해 시행령 제10조의4 제2호 내지 4호와 같은 수준(법인 또는 단체 신원정보 확인 수준)으로 규정된 것이다. 이에 따라 법인 대표자가 실제 소유자로 확인된 경우에는 금융회사 입장에서 요주의 리스트 필터링이 곤란할 뿐만 아니라 실제 소유자 확인제도 도입 이전의 신원확인 수준보다도 상당히 후퇴하게 되었다. 따라서 향후 개인정보보호법의 이슈를 해결하면서도 국제적 수준의 자금세탁방지제도 운영을 위해서는 대표자 정보에 대한 상세한 검토 후에 성명 외에 최소한 생년월일은 취득할 수 있도록 다시 시행령을 개정하여야 할 것으로 보인다.

가 있었다. 즉, 시행령 제10조의5 제2항의 제1호 및 제2호에 해당하는 사람을 확인할 수 없는 때에 바로 제3호에 해당하는 사람(대표자)을 확인하는 것으로 넘어가지 않고, 시행령 제10조의5 제3항에 따라 법인의 실제 소유자가 또 다른 법인 또는 단체인 때에는 자연인이 나올 때까지 추적하는 것을 선택할 수 있도록 하였다.

이 과정 역시 제도도입 초기 소규모 금융회사의 부담 완화를 위해 현재 **선택 조항**으로 시행령에 반영되어 있으나, 향후 **의무 조항**으로 변경되지 않으면 FATF로부터 또다시 지적당할 가능성이 매우 높은 규정이라 하겠다. 이는 동 규정이 의무 조항이 아닌 선택 조항이기 때문에 제도이행의 적절성 문제를 제외한다면 '25% 이상 지분소유 자연인이 없고 최대지분 소유자가 법인'인 경우에는 대형 은행조차 바로 3단계의 대표자 성명만 확인해도 법규 위반이 아니기 때문에 법인 등을 통한 자금세탁 범죄에 악용될 위험이 높다고 판단할 것이기 때문이다.

이밖에 업무규정 제85조 제1항 제1호에 따라 금융회사는 실제 소유자 확인 및 검증의 입증자료로 주주명부, 신용정보시스템 출력물, 실제 소유자 확인 서식 등을 고객확인 자료와 함께 5년간 보존할 필요가 있겠다. 다만, 실제 소유자 검증은 고위험 고객이 아니라면 고객신원확인보다는 다소 완화된 기준으로 이행할 수 있을 것으로 보인다. 이와 관련하여 영국의 JMLSG(국제 기준은 아님)에서는 다음과 같이 규정하고 있음을 참고할 필요가 있는데, 이는 검사자 및 금융회사 업무담당자들의 실무적 판단에 도움이 될 것으로 보인다.

(JMLSG)

5.3.10 자금세탁방지 규정에서의 실제 소유자와 고객에 대한 검증절차에는 차이가 있다. **고객의 신원은 반드시 신뢰할 수 있는 출처의 문서나 자료·정보**를 바탕으로 검증되어야 한다. 반면 **실제 소유자**의 신원을 검증하는 의무는 금융회사가 고객의 **위험수준을 감안**하여 적절한 절차를 통해 **실제 소유자가 누구인지를 파악**하는 것으로 충족된다. 공개된 정보(존재할 경우)를 통해 확인할 것인지, 고객에게 관련 자료를 직접 얻을 것인지 또는 다른 방법으로 확인할 것인지는 각 금융회사가 선택할 수 있다. 어떤 종류의 증빙을 통하여 이를 확인해야 하는지에 대한 규정은 없다.

5.3.11 위험수준이 낮은 경우에는 고객이 제공하는 정보를 바탕으로 실제 소유자의 신원을 확인하는 방법도 합리적일 수 있다.

　　마지막 또 하나의 이슈는 우리나라 법체계는 법인 또는 단체만 언급하고 있을 뿐, 법률관계에 대해서는 규율하고 있지 않으며 향후 이에 대한 법적 검토가 필요[35]할 것으로 보인다.

---

35) 최근 노르웨이에 대한 FATF 상호평가 자료에 의하면 "노르웨이법상 신탁 설립이 인정되지 않으나 외국법에 따라 설립된 신탁의 관리인이 노르웨이에 거주하면서 거래를 할 수 있음에도 불구하고 법률관계 관계자에 대해서는 신원 확인·검증 의무가 없다"고 지적하고 있음. 우리나라와 유사한 법체계를 가지고 있는 노르웨이에 대한 FATF의 지적은 참고할 필요가 있음.

실제 소유자 확인 관련 Q&A

1. 실제 소유자 확인은 계좌의 신규개설 및 2천만원 이상의 일회성 금융거래시에만 하면 되는 것인가? 아니면 재이행 주기 도래시에도 하여야 하는 것인가?

특정금융거래보고법 제5조의2에 따라 실제 소유자 확인은 금융회사가 CDD를 이행할 때는 필수적으로 같이 이행해야 함. 따라서 계좌의 신규개설, 2천만원 이상의 일회성 금융거래, 기타 자금세탁이 의심되는 경우 및 재이행 주기 도래시 실제 소유자 확인은 함께 이루어져야 함.

2. 개인고객이 타인을 위한 거래를 하고 있다고 의심되어 실제 소유자 확인을 하려 했으나 고객이 본인이 실제 소유자라고 주장하는 경우 금융회사는 어떻게 하여야 하는가?

금융회사는 개인고객이 타인을 위한 거래를 하고 있다고 의심될 때 실제 소유자가 별도로 존재하는지 고객에게 확인하여야 함. 이때 고객이 실제 소유자 확인 자체를 거부하는 경우에는 CDD 미이행으로 신규 거래 거절 및 기존 거래 종료를 할 수 있으나, 본인이 실제 소유자가 맞다고 수장하는 경우에는 금융회사는 본인의 수상대로 실제 소유자를 표시하되, 거래모니터링을 강화하고 STR 여부를 검토하는 것이 바람직함.

3. 법인고객의 실제 소유자 확인시 이를 개인고객 CDD 수준으로 이행하여야 하는가?

국제 기준은 실제 소유자의 신원을 확인·검증하도록 하고 있으며, 생명보험과 관련된 기준에서는 실제 소유자의 CDD까지도 이행하도록 요구하고 있음.

우리나라에서도 실제 소유자에 대해 개인의 신원확인(시행령 제10조의4 제1호)과 같은 수준으로 이행하는 것이 원칙이겠으나 금융회사가 실제 소유자 확인 및 검증을 이와 같이 이행하는 것은 사실상 매우 어려우므로 "실제 소유자의 성명, 생년월일, 국적(외국인의 경우)"을 확인하도록 하였음.

4. A법인의 주주명부 확인 결과 B법인이 40%의 지분을 소유하고 있고, C라는 개인이 20%의 지분을 소유하고 있는 경우 실제 소유자 확인을 어떻게 하여야 하는가?

금융회사는 실제 소유자 확인 2단계에 따라 20%의 지분을 소유한 C에 대해서만 실제 소유자 확인을 할 수도 있으며, 선진국의 운영사례와 같이 B법인을 최종적으로 지배하는 자연인 D를 찾아서 그의 신원사항을 확인할 수도 있음. 또한 C와 D 모두를 확인하는 것도 가능함.

5. A법인의 주주명부 확인 결과 B법인이 40%, C법인이 25%의 지분을 소유하고 있고 개인 최대 주주 D는 10%의 지분을 소유하고 있다면 실제 소유자 확인을 어떻게 하여야 하는가?

법인의 지분 구조를 추적하기 곤란한 소규모 금융회사는 10%의 지분을 소유한 개인 최대 주주 D의 신원사항을 확인하면 됨. 다만 선진국 기준을 준수하기 위하여 개인 최대 주주 D 외에, 법인의 지분 구조를 추적하려는 대형 금융회사 등에서는 보다 많은 지분을 소유한 법인을 선택하여 추적하도록 시행령에서 규정하고 있으므로 B법인을 최종적으로 지배하는 자연인(E)을 확인하여야 함.

만약 여기서 개인 최대 주주 D가 보유한 지분이 5% 미만으로 미미하거나 특정 개인 주주를 확정할 수 없는 경우에는 소규모 금융회사 등은 2단계의 모든 과정을 체크하고 3단계로 넘어가서 A법인 대표자(F)의 신원사항(시행령에 따라 대표자에 대해서는 현재는 성명만, 외국인의 경우 국적 추가)을 확인하면 될 것임.(이때 B법인 및 C법인 대표자의 성명을 확인해야 하는지에 대해서는 법규에서 요구하고 있지는 않으므로 금융회사가 자율 판단)

6. 법인고객의 대표 또는 대리인이 방문하여 CDD를 이행함에 있어 자연인 A
   가 25%의 지분을 소유하고 있음을 주주명부를 통해 금융회사가 확인하였
   으나, 법인 대표 또는 대리인이 '법인을 사실상 지배하는 자 B'가 별도로
   존재함을 알리는 경우 금융회사는 누구를 실제 소유자로 하여야 하는가?

국제기준 및 특정금융거래보고법 제5조의2에 따른 실제 소유자는 그 개념상 고객을
최종적으로 지배하거나 통제하는 자연인을 뜻하므로 B에 대하여 실제 소유자 신원
확인을 하는 것이 타당하나, 우리나라는 금융회사의 실제 소유자 확인 제도 이행을
명확히 하기 위해 시행령 제10조의5 제2항 각 호와 같이 단계별로 규정하는 과정에
서 1단계는 25% 이상의 자연인만을 확인하도록 하고 있으므로, A에 대해서만 실제
소유자 신원확인을 하여야 하는 것으로 문리적 해석이 되는 문제가 발생하였음.

향후 시행령 개정을 통해 고객을 최종 지배하는 자가 별도로 존재하는 경우에는 A
의 지분율이 25% 이상이라 할지라도 B에 대하여 실제 소유자 확인을 하도록 변경
할 필요가 있으나, 이 경우 고의로 객관적 자료가 있는 최대 지분자 A를 회피하고자
별도의 B를 주관적 자료를 이용하여 실제 소유자로 내세울 우려도 배제할 수 없음.

따라서 이와 같은 경우 금융회사는 시행령 개정 여부와 상관없이 25% 이상의 지분
을 가진 A에 대해 실제 소유자 확인을 하고, (시행령 제10조의5 제4항 단서에 따라
필요하다고 인정되는 경우 해당하는 자 전부 또는 일부를 확인할 수 있으므로) 최
종 지배자 B에 대해서도 가능한 함께 확인하는 것이 가장 바람직할 것으로 판단됨.

> 7. 대리인에 의한 신규 계좌 개설 또는 2천만원 이상의 일회성 금융거래시 법
>   인의 실제 소유자 확인 의무가 이행되었다면 이후 타 대리인에 의해 2천만
>   원 이상의 일회성 금융거래가 이루어질 때는 법인 실제 소유자 확인을 하
>   지 않아도 되는 것인가?

대리인에 의한 신규 계좌 개설시 적법하게 법인 CDD와 실제 소유자 확인이 이루어
졌다면 이후 타 대리인에 의한 일회성 금융거래시에는 해당 대리인의 권한 확인 및
대리인에 대한 CDD만 이행하고 법인 CDD와 실제 소유자 확인은 생략이 가능함.
또한 대리인에 의한 일회성 금융거래시 법인 실제 소유자를 확인한 경우에도 계좌
개설시와 같이 엄정하게 이루어졌다면 역시 생략이 가능할 것임.

그러나 만약 현재의 관행과 같이 일회성 금융거래시의 CDD가 불완전하고 이때 이
루어진 법인의 실제 소유자 확인은 엄격하게 진행되었다고 한다면 실제 소유자 확인
의 효력이 CDD와 같이 일회적인 것으로 보아야 하는지(실제 소유자 확인은 CDD의
일부이므로 이렇게 해석하는 경우 대리인에 의한 법인의 일회성 금융거래시마다 실제
소유자를 확인하여야 하므로 금융회사 및 고객의 부담이 큼) 아니면 실제 소유자
확인만은 그 효력을 별도로 인정하여 이후 CDD 요건이 발생할 때 생략 가능한 것
인지(이 경우 업무의 효율성은 제고할 수 있으나 감독·검사시 리스크가 있음)의 이
슈가 발생할 수 있을 것임.

따라서 이러한 논란을 해소하기 위해서는 모든 금융회사에서 대리인에 의한 법인의
일회성 금융거래시에도 대리인에 의한 법인의 신규계좌개설시와 마찬가지 방법으로
엄격하게 CDD를 이행하는 것이 바람직할 것임.

8. 자본시장과 금융투자업에 관한 법률에 따라 "사업보고서 제출대상법인"의 경우 실제 소유자 확인의 생략이 가능한데 동 사업보고서 제출대상법인이 과반수 이상의 지분을 소유한 자회사에 대해서도 실제 소유자 확인의 생략이 가능한가?

실제 소유자에 대한 투명성이 보장되어 있다고 판단된 사업보고서 제출대상법인에 대해 실제 소유자 확인 생략이 가능하도록 규정하였으므로 동 법인이 과반수 이상의 지분을 소유한 자회사에 대해서도 생략이 가능한 것이 원칙이며 FATF의 주석서에서도 이를 명시하고 있음.

다만 실제 업무에서는 동 규정의 유무가 실제 소유자 확인제도 운영에 크게 차이가 없으며 오히려 금융회사가 동 자회사를 입증하는 것이 부담이 될 수 있어 시행령에 명시적으로 반영하지는 않았음.

9. 국가·지자체·공공단체·금융회사 및 사업보고서 제출대상 법인에 대해서는 실제 소유자 확인 생략이 가능한데, 외국정부 및 외국 금융회사 등에 대해서도 생략이 가능한가?

실제 소유자에 대한 투명성이 보장되어 있다고 판단된 국가·지방자치단체·공공단체·금융회사 및 사업보고서 제출대상법인에 대해 실제 소유자 확인 생략이 가능하도록 국제기준에 따라 시행령 제10조의5 제5항에 규정하였으므로 국내적으로 효력을 발휘하는 것이 원칙임.

다만 FATF의 권고사항은 "간소화된 고객확인은 국가 또는 금융회사에 실시한 적절한 위험평가를 통해 저위험으로 확인된 경우에 한하여 적용할 수 있다"고 하면서, "외국에 거주하는 고객에 대해 간소화된 고객확인의무를 적용하는 경우에는 FATF의 권고사항을 도입하여 효과적으로 이행하고 있는 국가의 국민으로 제한해야 한다."고 명시하고 있음.

따라서 FATF의 상호평가 결과를 참고하거나 금융회사가 적절한 위험평가를 통해 저위험으로 판단한 외국 정부·금융회사·상장회사 등에 대해서는 각 금융회사의 책임하에 간소화된 고객확인 절차를 적용하여 실제 소유자 확인을 생략할 수 있을 것으로 판단되며, 선진 금융회사들도 이러한 원칙에 따라 운영하고 있는 것으로 알고 있음.

10. 시행령 제10조의5 제3항은 실제 소유자 확인 과정에서 최대 지분 소유자가 법인 또는 단체인 경우 금융회사가 자연인인 실제 소유자를 확인하는 것을 강행 규정이 아닌 임의 규정으로 정하고 있으므로 이를 확인하지 않고 곧바로 법인 또는 단체의 대표자를 실제 소유자로 확인해도 되는지?

본문에서 언급한 바와 같이 금융회사는 동 제도의 취지를 반영하여 실제 소유자를 찾기 위한 최선의 노력을 기울여야 할 것임.

시행령에서 이를 임의 규정으로 정한 것은 실제 소유자 확인이 불가능하거나 불가피한 사유로 이행이 곤란한 경우 금융회사를 제재하지 않기 위함이므로, 단순히 업무의 편의 등을 위해 이를 이행하지 않고 곧바로 법인 또는 단체의 대표자를 확인하는 것은 바람직하지 않은 것으로 판단됨.

11. 법인 또는 단체의 실제 소유자 확인을 위한 주주명부 등의 자료를 이메일이나 팩스 등을 통해 입수하여 검증하는 것도 가능한지?

금융회사가 신뢰할 수 있다고 판단하는 다양한 방법을 통해 실제 소유자 확인을 위한 증빙서류를 입수할 수 있음. 장기적으로는 위험도에 따라 증빙자료의 입수 방법을 금융회사가 차별화하여 운영하는 것도 검토할 수 있을 것임.

12. 2015년 12월에 CDD를 이행한 고객은 재이행 주기 도래시점(예, 2018년 12월)까지 실제 소유자 확인을 포함한 CDD 재이행을 하지 않아도 되는지?

앞서 언급한 바와 같이 동일한 고객과 금융거래를 하는 경우 재이행 주기까지 CDD를 생략하는 것이 일반적이나, 2016년 1월 1일부터 실제 소유자 확인제도가 시행됨으로써 고객확인의 중요한 기준이 변경되었으므로 동 일자 이후 계좌를 신규로 개설하거나 2천만원 이상의 일회성 금융거래를 하는 경우 또는 자금세탁이 의심되는 경우 등에는 실제 소유자 확인을 포함하여 CDD를 재이행하여야 할 것임.

다만 고객의 CDD 정보가 최근의 정보와 모두 일치하여 CDD를 재이행하는 것이 고객에게 과도한 부담을 준다고 금융회사가 판단하는 경우에 한해서는 실제 소유자 확인만을 추가로 이행하는 방법도 고려할 수는 있을 것임.

라. 거래(관계)의 목적 및 성격 확인

금융회사는 CDD 이행시 거래관계의 목적과 성격을 이해함으로써 자금세탁에 이용될 가능성을 최소화할 수 있다. 이에 대해 FATF는 아래와 같이 규정하고 있다.

(FATF 권고사항 10)

CDD는 다음과 같이 수행되어야 한다.

(c) 거래관계의 목적 및 성격에 대한 정보를 이해하고, 필요시 동 정보를 입수해야 한다.

우리나라의 법상 CDD 기준을 살펴보면 저위험 CDD는 고객신원에 관한 사항을 확인하고 고위험 고객에 대해서만 거래의 목적을 확인할 수 있도록 하고 있다.

따라서 2009년 FATF 상호평가단의 우리나라에 대한 보고서에 따르면 "한국의 금융회사는 자금세탁 및 테러자금조달이 의심되지 않을 경우 거래관계의 목적 및 성격에 관한 정보를 입수해야 한다는 명시적인 의무조항이 없다"고 지적하였다.

평가단은 그러나 "특정금융거래보고법 제5조의2 제2항에서 고객 및 금융거래의 유형별로 자금세탁행위 또는 공중협박자금조달행위의 방지와 관련되는 적절한 조치의 내용·절차·방법이 포함되는 업무지침을 마련하도록 하고 있는데 이는 고객의 특징 및 거래 프로필을 파악한다는 의미를 내포하고 있으며, 결국 거래관계의 목적과 성격에 대해 어느 정도 파악한다는 것을 의미하므로, FATF 권고를 충족하지는 않지만 간접적 의무를 부여한 것으로 볼 수 있다"고 언급하면서도 "그럼에도 불구하고 자금세탁 위험도에 관계없이 거래관계의 목적과 성격을 확인하도록 법규상 명시적으로 규정되어야 한다"고 권고하였다.

이에 따라 법상 한계에도 불구하고 2010년 업무규정 제정시 제37조 제2항에 원칙적으로 이를 확인하도록 규정하였다. 향후 법 개정을 통해 이를 명시적으로 규율하는 것이 더욱 바람직할 것이다.

마. 지속적인 고객확인(Ongoing CDD)

금융회사는 고객과 거래 관계 수립시(계좌 신규 개설시) 고객의 직업이나 사업 내용, 국적, 거래하고자 하는 상품, 거래의 목적, 예상 금융거래 규모 등 각종 정보를 활용하여 고객의 자금세탁 위험을 평가한 후 위험도에 따라 CDD를 이행하고 해당 고객과 거래를 하게 된다.

이후 고객과의 거래관계가 유지되는 동안 일어나는 금융거래들이 금융회사가 처음 CDD를 이행할 때 확보한 정보들과 일관성이 있는지, 고객의 직업이나 사업내용이 변경되었는지, 이에 따라 자금세탁 위험이 변동되어야 하는 것인지 등을 모니터링하고 검토하는 등 지속적으로 CDD를 이행할 필요가 있다.

일부 국가에서는 이러한 모니터링 및 내부통제 기능 수행을 위해 전자적 방식의 감시시스템을 구축할 것을 의무화하고 있다. 우리나라에서는 이러한 전자 감시시스템 구축을 법규상 명시적으로 의무화하고 있지는 않으나, 사실상 거의 모든 금융회사가 거래모니터링 시스템(TMS : Transaction Monitoring System)을 구축하고 있어 이러한 의무가 실제적으로 이루어지고 있다. 다만, 금융회사 정책 및 업무 담당자의 수준에 따라 이러한 모니터링의 실제 이행 방법·수준·효과성 등은 천차만별인 것으로 보인다.

지속적인 고객확인을 위한 FATF의 권고사항은 아래와 같다.

(FATF 권고사항 10)

CDD는 다음과 같이 수행되어야 한다.

(d) 거래관계에 대한 지속적인 CDD 절차를 이행하여야 하며, 거래관계가 유지되는 동안 이루어진 거래들과 금융회사가 파악하고 있는 고객, 고객의 사업과 위험 프로파일, 필요시 자금의 원천을 포함한 정보가 일치하는지 면밀히 검토하여야 한다.

(FATF 기술적 평가방법론)

10.7 금융회사는 거래관계에 대한 지속적인 고객확인을 수행하여야 한다. 이 때 다음 절차를 포함해야 한다.

   (a) 거래관계가 유지되는 동안 이루어진 거래들과 금융회사가 파악하고 있는 고객, 고객의 사업과 위험 프로파일, 필요시 자금의 원천을 포함한 정보가 일치하는지 면밀히 검토
   (b) 특히 고위험 고객 관련 기존 기록을 검토하여 CDD 절차를 통해 수집한 문서·자료·정보가 지속적으로 업데이트되고 적절한지 확인

이러한 국제기준에 따라 우리 업무규정에서는 아래와 같이 규정하고 있다.

(업무규정)

제34조(지속적인 고객확인) ① 금융회사 등은 고객확인을 한 고객과 거래가 유지되는 동안 당해 고객에 대하여 지속적으로 고객확인을 하여야 한다.

② 제1항에 따른 고객확인은 다음 각 호의 방법으로 하여야 한다.
  1. 거래전반에 대한 면밀한 조사 및 이를 통해 금융회사 등이 확보하고 있는 고객·사업·위험평가·자금출처 등 정보가 실제 거래내용과 일관성이 있는지 검토
  2. 특히 고위험군에 속하는 고객 또는 거래인 경우 현존 기록에 대한 검토를 통해 고객확인을 위해 수집된 문서, 자료, 정보가 최신이며 적절한 것인지를 확인
③ 금융회사 등은 고객의 거래행위를 고려한 자금세탁 등의 위험도에 따라 고객확인의 재이행 주기를 설정·운용하여야 한다.

CDD 재이행 주기와 관련하여 FATF 권고사항은 이를 직접적으로 규정하고 있지는 않으나 최근 노르웨이에 대한 FATF 상호평가 결과에서 "금융회사에 고객정보 갱신 의무를 부과하고 있지만 정보 갱신 주기가 명시되어 있지 않은 점은 취약점으로 평가된다"고 언급하고 있으며, 미국의 BSA에서는 CDD를 주기적으로 이행할 것을 아래와 같이 명시하고 있다.

(BSA)

금융회사의 CDD 절차에는 고객의 직업이나 사업내용의 변동과 같이 기존에 보유하고 있던 고객정보에 중대한 변화가 생겼는지를 검토하는 주기적인 모니터링 과정이 포함되어야 한다.

지속적인 고객확인을 이행하는 방법에 대해서는 미국의 BSA와 영국의 JMLSG의 다음 규정을 참고하는 것이 실무에 도움이 될 것이다.

(BSA)

CDD 정보를 확인하는 방법은 금융회사 거래내역을 이용하거나, 고객과 직접 서신이나 전화를 통해 연락을 취하거나, 고객의 직장을 방문하는 방법 등이 있다.

그 외 방법으로는 제3의 기관으로부터 정보를 얻거나(제3자를 활용한 고객확인) 인터넷이나 상용데이터베이스와 같은 일반 정보를 검색하는 방법이 있다.

(JMLSG)

고객에 대한 정보는 가능한 최신 정보로 갱신해야 한다. 일단 고객의 신원이 만족할 수준으로 검증된 경우에는 이전 정보의 정확성 또는 타당성에 의심이 생기지 않는 한 다시 검증해야 할 의무는 없다. 다만, 금융회사는 단계적으로 고객에 대한 정보를 적절하게 갱신해야 하며, 기존 고객이 새로운 계좌를 신청하거나 고객과 새로운 거래관계의 정립이 필요한 상황에서는 적합한 증거자료를 요구할 수 있다.

업무규정 제34조 제3항의 자금세탁 위험에 따라 재이행 주기를 차등화하는 것과 관련한 규정은 BSA에서 아래와 같이 규정하고 있으며, 주요 선진국 금융회사들의 일반적인 CDD 재이행 주기는 법인의 경우 고위험 1년, 저위험 3년, 개인의 경우 고위험 1년, 중위험 3년으로 운영하고 있으며, 저위험 개인은 트리거(trigger)[36] 발생시에 이행하도록 하고 있다.

(BSA)

- 자금세탁 위험이 큰 고객들은 CDD 정책, 절차, 이행과정 등이 강화된다. 위험이 큰 고객에 대해 CDD를 강화하는 것은 해당 고객의 거래유형을 사전에 예측하고, 은행의 평판·준법·거래 위험을 줄이기 위한 의심거래 감시시스템을 수행하는 데 있어 매우 중요하기 때문이다.

---

36) 총의 방아쇠를 뜻하는 사격 용어로서 어떤 사건의 반응·사건을 유발한 계기나 도화선의 의미로 사용되며, 자금세탁방지제도에서는 STR 보고 또는 자금세탁 위험도의 변화, 중요한 고객정보의 변경 등이 발생하는 경우를 의미.

- 따라서 **위험이 큰 고객**에 대해서는 계좌개설시, 보다 철저히 CDD를 이행 해야하고, **은행과 거래관계를 계속하는 동안 빈번하게 신원확인 및 거래내역 에 대한 검토**가 이루어져야 한다.

우리 업무규정은 CDD 재이행 주기를 별도로 명시하지 않고 있고, 금융 감독원은 현재 개인, 법인 구분없이 CDD 재이행 주기를 고위험 1년, 저위 험 3년으로 권고하고 있으나, 향후 저위험 개인고객에 대해서는 외국과 같 이 트리거 발생시 CDD를 재이행하도록 권고하는 방법도 합리적일 수 있을 것이다. 이는 자금세탁 위험도가 높은 곳에 자원을 집중하도록 하는 RBA[37] 사상에도 부합할 것이기 때문이다.

또한 향후 인터넷전문은행 등이 활성화됨에 따라 비대면 금융실명확인 및 비대면 고객확인을 통한 최초 계좌개설이 이루어지게 되면 동 절차를 준 용하여 재이행 주기 도래시 CDD를 이행할 수도 있을 것으로 판단된다.

한편 특정금융거래보고법규는 아니지만 지속적인 고객확인과 관련하여 FATF 상호평가단은 우리나라의 금융실명법 제3조 제2항 제1호에서 "실명이 확인된 계좌에 의한 계속 거래"에 대해 실명의 확인을 하지 아니할 수 있도 록 한 규정의 취약성을 지적하고 있음에도 유의할 필요가 있다.

이상에서 살펴본 바와 같이 FATF 권고사항은 이 책의 "가. 신원확인 및 검증부터 마. 지속적인 고객확인"까지의 사항을 각국이 모두 이행하도록 규 정하고 있으며 해당 CDD 조치의 범위를 결정함에 있어 권고사항 10(CDD) 과 권고사항 1(위험평가와 RBA 적용)의 주석서에 부합하도록 RBA를 활용하 여 정하도록 하고 있다.

---

37) 위험기반 접근법(risk based approach) : 본서 2장 4. 위험기반 접근법 참조.

(FATF 권고사항 10)

CDD는 다음과 같이 수행되어야 한다.

(a)~(d) 〈생략〉

금융회사는 상기 (a)~(d)에 따라 각 CDD 절차를 이행하여야 하며, 본 권고 및 권고사항 1의 주석서와 부합하도록 RBA를 활용하여 그러한 조치의 범위를 정하여야 한다.

바. 법인 및 법률관계에 적용되는 특별한 CDD 조치

법인 및 법률관계에 대한 CDD는 2012년 2월 FATF 권고사항이 개정되기 이전에는 아래와 같이 비교적 간단하게 규정하고 있었으나, 권고사항 개정 이후 "법인 및 법률관계에 적용되는 특별한 CDD 조치"라는 별도 소제목이 신설되고 앞서 기술한 실제 소유자 확인 방법이 함께 규정되면서 그 중요성이 더욱 강조되었다. 즉, 법인과 법률관계를 이용한 자금세탁 등의 위험을 방지하기 위하여 금융회사가 더욱 적극적으로 CDD를 이행할 것을 요구하는 것이다.

(FATF 기술적 평가방법론) : 2012.2월 이전

5.4 법인, 법률관계 고객에 대한 CDD

  (a) 고객을 대리하여 거래를 하는 사람이 그 권한이 있는지 확인하고, 동 대리인의 신원을 확인
  (b) 법인 설립 사실을 증명할 수 있는 문서 등을 통하여 법인/법률관계가 실제로 존재하는지 확인; 법인명, 수탁자명, 법인 형태, 주소, 이사진 등 확인; 법인/법률관계에 대하여 법적 구속력을 가지게 하는 규정 등 확인

(FATF 기술적 평가방법론) : 2012.2월 이후

법인 및 법률관계에 적용되는 특별한 CDD 조치

10.8 법인 또는 법률관계 형태의 고객에 대하여 금융회사는 고객의 사업 성격, 지배·**통제구조를 이해**해야 한다.

10.9 법인 또는 법률관계 형태의 고객에 대하여 금융회사는 다음 정보를 통해 고객의 신원을 확인·검증해야 한다.

   (a) 상호, 법적 형태 및 설립 증명;
   (b) **법인·법률관계의 고위 임원 명단 등 해당 법인·법률관계를 규율하는 권한 자료**;
   (c) 등록된 사무소의 주소, 등록된 사무소의 주소와 주 영업 소재지가 다른 경우에는 주 영업 소재지

10.10 〈법인 실제 소유자 확인·검증 조치 : 생략〉

10.11 〈법률관계 실제 소유자 확인·검증 조치 : 생략〉

위 기술적 평가방법론 10.8과 관련하여 FATF는 최근 노르웨이에 대한 상호평가를 통해 "금융회사가 법인 고객의 소유권 및 지배구조를 확인하도록 명시적으로 규정하는 의무 조항이 없다"는 지적을 하였는데, 현재 우리나라도 노르웨이와 마찬가지의 상황이므로 상호평가시 이 부분을 지적받을 가능성이 높다.

또한 현재 우리의 특정금융거래법규는 전술한 "가. 신원확인 및 검증"에서 이미 살펴본 바와 같이 FATF 기술적 평가방법론 10.9의 (b)에서 CDD 확인·검증을 위해 정보를 받도록 요구하고 있는 '법인·법률관계의 고위 임원 명단 등 해당 법인·법률관계를 규율하는 권한 관련 자료(예: 정관 및 고위

임원 명단 등)'의 제출을 명시적으로 의무화하지 않고 있으며, 이는 향후 업무규정 개정시 반영해야 할 사항으로 보인다.

FATF 주석서에서는 금융회사가 일반적으로 법인 고객의 신원을 확인하고 검증하는 데 필요한 정보를 아래와 같이 예시하고 있다.

(FATF 주석서 10 : CDD)

C. 법인 및 법률관계에 대한 CDD

5. 법인 또는 법률관계 고객에 대하여 CDD를 이행할 때, 금융회사는 고객의 신원을 확인·검증하고 고객의 사업의 성격과 소유권 및 지배구조를 이해해야 한다. 고객과 실제 소유자의 확인 및 검증에 있어 아래 (a)와 (b)항을 이행하도록 하는 것은 두 가지 목적이다. 첫째는 거래관계와 관련된 잠재적인 자금세탁 및 테러자금조달 위험에 대한 적절한 평가를 수행할 수 있도록 고객에 대한 충분한 이해를 통해 법인 및 법률관계의 불법적인 이용을 방지하고자 함이고, 둘째는 그러한 위험을 경감시키기 위해 적절한 절차를 취하도록 하기 위함이다. 하나의 절차에 대한 두 가지 측면으로서 이러한 요건들은 서로 상호작용하고 상호보완 될 것이다. 금융회사들은 이러한 맥락에서 아래 사항을 이행하여야 한다.

(a) 고객의 신원을 확인하고 이를 검증한다. 이러한 기능을 수행하는데 통상적으로 필요한 정보들은 아래와 같다.

(i) 명칭, 법적 형태 및 실제 존재하는지의 증명 - 예를 들면 법인증명서(법인등기부등본), 자산증명서, 동업 계약서, 신탁 증서 또는 신뢰할 수 있는 독립적 출처로부터 입수한 고객의 명칭이나 형태, 실제 존재를 입증하는 서류 등을 통해 검증할 수 있음

（ⅱ） 법인 및 법률관계를 규율하고 통제하는 권한(예, 회사 정관) 및 법인 또는 법률관계의 상위 직급자(예, 회사 고위 경영진, 신탁 관리자)의 이름

（ⅲ） 등록된 사무실 주소, 주요 사업장이 다른 경우, 주요 사업장 주소

(b) 〈고객의 실제 소유자 확인·검증 : 생략〉

따라서 우리 금융회사들도 법인등기부등본 등을 통해 법인의 실제 존재 여부를 업무규정 제38조 제4항과 같이 확인하고, 회사 정관 또는 고위 임원진의 명단은 앞에서 언급한 바와 같이 향후 업무규정 개정을 통해 의무화될 때까지는 자금세탁 위험 경감 및 국제기준 준수 등을 위해 필요한 경우 금융회사의 자율적 판단에 따라 확보하는 것이 바람직할 것이다.

사. 생명보험증권 수익자에 대한 CDD

"바. 법인 및 법률관계에 대한 CDD"와 마찬가지로 "생명보험증권 수익자에 대한 CDD"가 2012년 2월 FATF 권고사항 개정시 기술적 평가방법론과 주석서에 별도 소제목이 신설되면서 그 중요성이 강조되고 있다.

특히 생명보험 고객 및 실제 소유자에 대한 CDD 외에 '법인 또는 법률관계 고객의 수익자가 고위험인 경우'에는 "수익자의 실제 소유자"까지 강화된 CDD를 이행하도록 하는 등 그동안 다른 금융업권에 비해 사금세탁 위험이 비교적 낮다고 판단했던 보험 분야에서 FATF가 생명보험을 통한 자금세탁 방지 활동을 강화하고 있는 것은 주목할 필요가 있다.

(FATF 기술적 평가방법론) : 2012.2월 이전

5.9 위험이 낮은 경우 약화된 또는 간소화된 CDD 절차 적용이 가능

> (d) 연간 보험료가 USD/EUR 1,000 미만이거나 일시납 보험료가 USD/EUR 2,500 미만인 생명보험 증권
>
> 5.14 고객확인의무를 이행함에 있어 (a) 실제 적용 가능하고, (b) 정상적인 업무 수행을 방해하지 않으면서, (c) 자금세탁 위험을 관리할 수 있도록 제도를 운영해야 함.(즉, (a)~(c)를 충족하는 경우 사후 CDD가 가능함)
>
> (c) 생명보험 : 실제 소유자에 대한 신원확인이 필요하며, 보험 계약자와의 거래관계 수립 이후 신원확인이 실시됨. 이 경우 신원확인은 보험료 지불시 또는 지불 이전, 보험 수익자가 권리를 행사하는 시점에 이루어짐

위와 같이 2012년 개정 이전의 FATF 권고사항에서는 생명보험 관련 CDD에 대해 특별한 규정이 없었으며, 단지 일정 금액 이하의 생명보험 증권에 대해 저위험으로 판단하는 사례(간소화된 고객확인이 가능한 사례)로서 언급하였고, 거래관계 수립 이후에 CDD를 이행할 수 있는 업무의 예시에서 다시 한번 언급되는 수준이었다.

그러나 개정된 기술적 평가방법론과 주석서에서는 다음과 같이 규정하고 있다.

(FATF 기술적 평가방법론) : 2012.2월 이후

생명보험증권 수익자에 대한 CDD

10.12 생명보험 및 기타 투자관련 보험의 경우 고객 및 실제 소유자에 대한 CDD 절차 이행에 더하여 해당 수익자가 확인·지정되자마자 다음 CDD 절차를 수행해야 한다.

(a) 수익자가 특정 명칭의 자연인, 법인 또는 법률관계인 경우 해당 명칭을 입수한다.

(b) 수익자가 어떤 특성이나 신분 또는 기타 수단에 의해 지정된 경우 금융회사가 보험금 지급시에 수익자의 신원을 확인하기에 충분한 정보를 획득해야 한다.

(c) 상기 어느 경우라도 수익자의 신원 검증은 보험금 지급시에 이루어져야 한다.

10.13 금융회사는 강화된 CDD의 적용 여부를 결정할 때 생명보험증권 수익자를 관련 위험요소로 포함해야 한다. 만약 금융회사가 법인 또는 법률관계 형태인 수익자를 고위험으로 판단할 경우에는 보험금 지급시 수익자의 실제 소유자를 확인·검증하기 위한 합리적인 조치를 포함한 강화된 CDD 조치를 수행하도록 해야 한다.

FATF 주석서에서는 해당 기술적 평가방법론과 거의 중복되므로 별도로 언급된 부분만 표시하면 다음과 같다.

(FATF 주석서 10 : CDD)

D. 생명보험증권 수익자에 대한 CDD

6. 〈생략〉

(a) 〈생략〉

(b) 수익자가 어떤 **특성이나 신분**(예, 보험사건 발생시 배우자 또는 자녀) 또는 **기타 수단**(예, 유언장)**에 의해 지정**된 경우 - 이하 생략

(c) (a) 및 (b)에 의해 취합된 정보는 **권고사항 11**에 따라 **기록 및 관리**되어야 한다.

7. 〈생략〉

8. 〈생략〉

9. 금융회사는 위 6~8을 이행할 수 없는 경우 **의심거래보고**를 **검토**하여야 한다.

이와 같이 FATF가 생명보험에 대한 언급을 강화한 것은 아마도 일부 선진국에서 생명보험 수익자인 고위험 법인 또는 법률관계를 통한 자금세탁 사례가 발생되었기 때문으로 추정된다. 따라서 향후 외국계 생명보험 회사를 비롯한 우리나라에서 영업을 하고 있는 모든 생명보험사들은 수익자의 위험관리 및 수익자가 고위험인 경우 실제 소유자 확인을 위한 노력을 강화하여야 할 것으로 판단되며, 방카슈랑스 상품에 대해서도 이를 적용할 수 있도록 하여야 할 것이다.

아. 검증의 시기

금융회사의 고객 및 실제 소유자에 대한 신원확인은 거래관계 수립 및 일회성 금융거래가 수행되기 전에 검증이 이루어져야 하는 것이 원칙이다. 이와 관련된 FATF의 권고사항은 다음과 같다.

(FATF 권고사항 10)

금융회사는 거래관계 수립 과정 또는 일회성 금융거래가 수행되기 이전에 고객과 실제 소유자의 신원을 검증하여야 한다. 각 국가는 자금세탁 및 테러자금조달 위험이 효과적으로 관리되고 있으며 정상적인 영업활동을 방해하지 않기 위해 불가피한 경우에는 금융회사가 거래관계 수립 후 합리적으로 이행가능하게 되는 즉시 검증을 완료하도록 허용할 수 있다.

(FATF 기술적 평가방법론)

10.14 금융회사는 거래관계를 수립하는 과정 또는 거래관계 수립 이전이나 일회

성 고객들의 금융거래를 수행하기 전에 고객과 실제 소유자의 신원을 검증하여야 한다; 만약 거래관계 수립 이후에 검증을 하는 것이 허용되는 경우에는 다음 요건들을 충족하여야 한다.

(a) 합리적으로 검증이 가능하게 되는 즉시 실행한다.
(b) 정상적인 영업활동을 방해하지 않기 위해 불가피하다.
(c) ML/TF 위험들이 효과적으로 관리되고 있다.

10.15 금융회사는 고객이 신원 검증 이전에 거래관계를 이용할 수 있는 상황과 관련한 위험관리절차를 적용하여야 한다.

FATF는 상기 기술적 평가방법론에 대하여 주석서에서 아래와 같이 설명하고 있다.

(FATF 주석서 10 : CDD)

F. 검증의 시기

11. 정상적인 업무수행을 방해하지 않기 위해 고객 검증을 거래관계 수립 이후에 이행할 수 있는 상황으로는 (위 생명보험 수익자에 관해 언급한 상황에 더하여) 다음과 같은 예를 들 수 있다.

· 비대면 거래
· 증권 거래

증권업 분야에서는 증권회사 및 중개회사가 고객과 접촉할 때 주식시장의 상황에 따라 매우 빨리 거래를 수행해야 하거나, 고객의 신원 검증이 완료되기 전에 거래를 수행해야 할 필요가 있을 수 있다.

12. 또한 금융회사는 고객이 신원 검증 이전에 거래관계를 이용할 수 있는 상황에 대비하여 **위험관리절차**를 적용하여야 한다. 이러한 관리절차에는 **거래 횟수, 유형 및 금액에 대한 제한**과 통상적인 기준에서 벗어나는 거액 또는 복잡한 거래에 대한 **모니터링** 등이 **포함**되어야 한다.

이러한 FATF의 권고와 관련 우리 특정금융거래보고법규에서는 CDD 이행시기에 대해 아래와 같이 규정하고 있다.

(시행령 제10조의6) 고객확인의 절차 등

① 금융회사 등은 **금융거래가 이루어지기 전**에 고객확인을 하여야 한다. 다만, 금융거래의 성질 등으로 인하여 불가피한 경우로서 금융정보분석원장이 정하는 경우에는 금융거래가 이루어진 후에 고객확인을 할 수 있다.

시행령 제10조의6 제1항 단서조항에 따라 금융정보분석원장이 금융거래 이후 고객확인을 할 수 있도록 정한 것은 감독규정 제23조이다.

(감독규정 제23조) 거래후 고객확인을 할 수 있는 경우

영 제10조의6에서 "금융정보분석원장이 정하는 경우"라 함은 다음 각 호의 1에 해당하는 경우를 말한다.

1. 종업원·학생 등에 대한 일괄적인 계좌개설의 경우 : 거래당사자의 계좌개설 후 최초 금융거래시
2. 상법 제639조에서 정하는 타인을 위한 보험의 경우 : 보험금, 만기환급금, 그 밖의 지급금액을 그에 관한 청구권자에게 지급하는 때 또는 보험금, 환급금, 그 밖의 지급금액에 관한 청구권이 행사되는 때
3. 7일 동안 동일인 명의로 이루어지는 일회성 금융거래의 합계액이 기준금액

> (원화의 경우 2천만원, 외화의 경우 미화환산 1만불 상당액) 이상인 경우 :
> 동 거래후 거래당사자의 최초 금융 거래시

FATF 상호평가단은 감독규정 제23조 제1호와 제2호는 거래가 수행되지 않는 계좌개설에 관한 것이고 제3호는 소규모 연결거래에 관한 것으로서 한국에서는 매우 제한적인 상황에서만 "거래 후 CDD"가 적용된다는 점에서 관련 위험이 매우 낮다고 언급하였다.

그러나 당시 실제 소유자에 대한 CDD 의무가 없는 점, 감독규정 제23조에서 제한적이기는 하나 거래 후 CDD를 허용하고 있음에도 불구하고 국제기준에 따라 "신원 검증이 합리적으로 가능한 빨리 완료되어야 한다"고 명시하고 있지 않은 점, 그리고 "금융회사가 위험관리절차를 마련하여 거래 후 신원검증이 가능하게 함으로써 발생하는 자금세탁 위험을 효과적으로 관리하여야 한다"는 의무사항을 규정하고 있지 않은 점 등을 지적하였다.

이에 따라 2010년의 업무규정에서는 고객확인의 시기와 관련하여 다음과 같이 규정하였다.

> **(업무규정)**
>
> **제32조(원칙)** 금융회사 등은 영 제10조의6에 따라 당해 금융거래가 완료되기 전까지 고객확인을 하여야 한다.
>
> **제33조(예외)** ① 금융회사 등은 영 제10조의6 및 감독규정 제23조에 따라 금융거래 후 고객확인을 하는 때에는 지체없이 이를 이행하여야 한다.
> ② 금융회사 등은 제1항에 따라 금융거래 후 고객확인을 하는 경우에 발생할 수 있는 자금세탁 등의 위험을 관리·통제할 수 있는 절차를 수립·운영하여야 한다.

우리나라에서는 감독규정 제23조에 언급하고 있는 경우 외에는 거래 이후 고객확인을 할 수 없도록 되어 있으나, FATF 기준 및 주석서에서 언급하고 있는 것처럼 자금세탁 위험이 관리되고 있으면서 정상적인 금융거래를 방해하지 않기 위해 불가피한 경우, 특히 증권거래와 같이 긴급한 거래의 필요성이 있는 경우 등에는 거래 이후 고객확인을 할 수 있도록 허용할 필요가 있다. 또한 노르웨이의 경우처럼 '거래관계는 수립하였으나 실제 금융거래가 발생하기 이전까지' 등으로 우리 감독규정 제23조 제1호 및 2호를 포괄하는 방법도 고려할 수 있다.

다만 이러한 경우 실무에서 고객이 거래 이후 검증서류를 제출하겠다는 금융회사와의 약속을 이행하지 않는 등의 문제가 발생할 수 있는데, 바젤(BASEL)위원회의 CDD 보고서를 참조하면 도움이 될 것으로 판단된다.

(BASEL)

22. 〈생략〉

· 계좌개설 후 신원을 검증하는 과정에서 해결 불가능한 문제가 발생하는 경우에는 **계좌를 폐쇄**하고 **예금은 최초에 입금을 받은 곳으로 반환**하여야 한다.

한편 보험업에 있어서 고객확인의 시점을 보험계약의 성립(보험회사의 승낙) 시점으로 보아야 하는지 계약자의 초회 보험료 납입시점으로 보아야 하는지에 대해 국제보험감독기구(IAIS)는 보험계약이 성립하는 시점 이전으로 규정하고 있다.

자. 기존 고객(Existing Customers)

FATF는 금융회사와 신규로 거래관계를 수립하는 고객 외에 기존의 고객에 대해서도 위험도에 따라 적절한 시기에 CDD를 이행하도록 권고하고 있다.

즉, 기존에 CDD를 이행한 고객이라 할지라도 중요가 높은 거래가 이루어지거나 자금세탁 위험도가 높아지는 경우에는 다시 CDD를 하라는 것이다.

(FATF 권고사항 10)

금융회사는 이러한 요건들을 모든 신규 고객에게 적용하여야 하며, 기존 고객에 대해서도 중요도와 위험도에 기반하여 동 권고를 적용하여야 한다. 또한 **적절한 시기**에 기존 거래관계에 대해 주의 의무(due diligence)를 이행하여야 한다.

(FATF 기술적 평가방법론)

10.16 금융회사는 중요도와 위험도에 기반하여 기존 고객에 대하여 CDD 절차를 적용해야 하며, **CDD 수행 여부, 수행 시기, 수집된 정보의 적절성 여부 등을 고려**하여 적절한 시기에 기존 거래관계에 대해 주의 의무를 이행해야 한다.

2012년 이후의 권고사항에서는 사라졌지만 2012년 이전 제3차 라운드의 FATF 권고사항은 적절한 시기에 대한 예시를 아래와 같이 제시하고 있었다.

(FATF 평가방법론 : 2012년 이전)

5.17 〈생략〉
- 기존고객에게 고객확인절차를 적용할 **적정한 시기**
  (a) 중요도가 높은 거래가 이루어지는 경우
  (b) 고객확인자료 기준에 상당한 변화가 있는 경우
  (c) 계좌운영 방식에 중요한 변화가 있는 경우
  (d) 기존 고객에 대한 정보가 충분히 확보되지 않았음을 금융회사가 인지한 경우

이에 따라 우리 업무규정 제25조에서는 기존 고객의 CDD와 관련하여 아래와 같이 규정하였다.

(업무규정)

제25조(기존고객) ① 금융회사 등은 법령 등의 개정에 따른 효력이 발생(2008.12. 22.)하기 이전에 이미 거래를 하고 있었거나 거래를 한 고객(이하 '기존고객'이라 한다)에 대하여 적절한 시기에 고객확인을 하여야 한다.

② 제1항의 고객확인을 하여야 할 적절한 시기는 다음 각 호의 어느 하나에 해당하는 때를 말한다.

   1. 중요도가 높은 거래가 발생하는 경우
   2. 고객확인자료 기준이 실질적으로 변한 경우
   3. 계좌운영 방식에 중요한 변화가 있는 경우
   4. 고객에 대한 정보가 충분히 확보되지 않았음을 알게 된 경우

③ 금융회사 등은 제1항에 따른 효력이 발생한 이후에 고객확인을 통해 새로 고객이 된 자가 그 후 제2항 각 호의 어느 하나에 해당하는 때에는 그 고객에 대하여 다시 고객확인을 하여야 한다.

위의 업무규정은 2008년 12월 22일 강화된 고객확인제도(EDD)가 도입되기 전에 이미 금융회사와 거래관계가 수립되어 있는 고객에 대해서도 제2항 각 호에 해당하는 때에는 다시 고객확인을 하라는 의미와 함께 동 제도 도입 이후 CDD 또는 EDD를 수행한 고객들이라 할지라도 제2항 각 호에 해당하는 때에는 고객확인을 다시 할 것을 규정하고 있다.

업무규정 제25조 제1항에서는 2006년 고객확인제도 도입, 2008년 강화된 고객확인제도 도입, 2010년 업무규정 제정·시행 등 어느 시점에 맞추어 기

존고객을 정의[38]할 것이냐에 따른 혼란을 정리하기 위하여 특정 시기를 규정하였으나, 향후 업무규정 개정시에는 국제기준과 같이 제1항과 제3항을 통합하여 "이미 금융회사와 거래관계를 수립하고 있는 고객"을 기존고객으로 정의하는 것이 해석상 타당할 것이다.

왜냐하면 업무규정 해석상의 기존고객은 제25조 제1항의 2008년 12월 22일 이전에 위험평가를 실시하지 않고 거래관계를 수립한 고객만을 의미하는 것으로 해석되기 때문에, EDD 제도 도입 이후 위험평가를 실시하였고 현재 거래관계가 수립되어 있는 제3항의 고객도 기존고객의 개념에 편입하여야 하기 때문이다.

한편 기존고객의 CDD 운영과 관련한 영국 JMLSG의 다음 규정은 금융회사 담당자의 업무수행에 도움이 될 것으로 보인다.

(JMLSG)

금융회사는 위험도에 따라 적절한 절차를 단계적으로 수행해야 하며 **모든 고객에** 대하여 **만족할만한 수준의 신원정보를 확보**했다는 사실을 **증명**할 수 있어야 한다. 기존고객의 신원이 이미 과거 기준에 맞추어 검증이 되었고 그 후 특별한 변화가 없었다면, 그 고객의 위험은 현재 기준에서도 낮게 평가될 수 있다. **기존고객이 새로운 계좌를 신청하거나 새로운 거래관계가 설정될 경우 금융회사는 상황변화에 따른 적절한 증빙자료를 요구**해야 한다.

---

38) EDD 제도 도입은 고객에 대한 자금세탁 위험평가 작업이 선행되어야 한다는 전제가 있었으므로 위험도에 무관하게 단순히 실지명의, 주소, 연락처만을 확인하도록 한 2006년 1월 18일 CDD 제도 도입 시점이 아닌 2008년 12월 22일을 기존고객의 구분시점으로 정의하였음.

차. 이미 이행한 고객확인 및 검증에 대한 신뢰

금융회사가 이미 이행한 고객확인 및 검증의 효력과 관련하여 FATF 주석서에서는 다음과 같이 언급하고 있다.

(FATF 주석서 10 : CDD)

E. 이미 이행된 확인 및 검증에 대한 신뢰

10. 권고사항 10에서 규정한 CDD는 금융회사가 매 거래시마다 반복적으로 고객의 신원을 확인하고 검증할 것을 필요로 하지는 않는다. **이미 행해진 확인 및 검증조치에서 얻어진 정보의 진위를 의심하지 않는 한, 금융회사는 기존 CDD를 신뢰할 수 있다.** 예를 들어 고객과 관련된 **자금세탁 의혹이 있거나 고객의 사업방식과 일치하지 않는 계좌운용 방식의 중대한 변화가 발생한 경우 등에는 금융회사가 정보의 신뢰성을 의심하게 된다.**

위와 관련하여 우리 특정금융거래보고법규에서는 이미 앞에서 일회성 금융거래와 관련하여 살펴본 바와 같이 시행령 제10조의6 제2항에서 다루고 있다.

(시행령 제10조의6) 고객확인의 절차 등

② 금융회사 등은 법 제5조의2 제1항 제1호에 따른 확인을 한 후에 같은 고객과 다시 금융거래를 하는 때에는 고객확인을 생략할 수 있다. 다만, 기존의 확인사항이 사실과 일치하지 아니할 우려가 있거나 그 타당성에 의심이 있는 경우에는 고객확인을 하여야 한다.

다만 위 시행령 제10조의6 제2항을 해석함에 있어 지속적인 고객확인이나 기존고객에 대한 고객확인 의무를 이행하는 데 장애가 되지 않도록 하여야

할 것이다.

카. 고객확인의무 면제 금융거래

특정금융거래보고법 시행령 제10조의2 제1항의 단서조항에서는 "금융거래의 성질상 고객확인의무의 적용이 적절하지 아니하거나 자금세탁 등에 이용될 가능성이 현저히 적은 금융거래로서 금융정보분석원장이 정하여 고시하는 거래에 대해서는 고객확인의무의 적용을 면제"할 수 있도록 하고 있다.

이에 따라 감독규정 제21조에서는 고객신원확인면제 금융거래의 범위를 다음과 같이 규정하고 있다.

(감독규정)

제21조(신원확인면제 금융거래의 범위) 영 제10조의2 제1항에서 "금융정보분석원장이 정하는 거래"라 함은 다음 각 호의 어느 하나에 해당하는 거래를 말한다.
1. 금융실명법 제3조 제2항제1호, 동법 시행령 제4조 제1항제2호에서 정하는 각종 공과금 등의 수납
2. 금융실명법 제3조 제2항제3호, 동법 시행령 제4조제2항, 제3항에서 정하는 채권의 거래
3. 법원공탁금, 정부·법원보관금, 송달료의 지출
4. 보험기간의 만료시 보험계약자, 피보험자 또는 보험수익자에 대하여 환급금이 발생하지 아니하는 보험계약

그러나 FATF 국제기준은 물론 다른 어느 나라의 법규에서도 고객확인의무를 명시적·포괄적으로 면제하고 있는 경우를 발견할 수 없으며, 이러한 CDD 면제 규정을 두고 있는 것은 우리나라가 유일한 것으로 보인다.

이와 관련하여 2009년 FATF 상호평가단은 보고서를 통해 "한국에서 극소수 특정 유형의 거래에 대해 고객확인의무를 면제한 것이 심각한 AML/CFT 취약점을 발생시키는 것으로 보이지는 않는다. 그러나 FATF는 기준금액 이하의 일회성 금융거래를 제외하고는 고객확인의무를 면제하는 것을 허용하고 있지 않다는 점에 유의할 필요가 있다. 이러한 거래와 관련한 모든 고객확인의무를 면제하는 것은 제한적이기는 하지만 고객확인제도의 취약점을 발생시킬 것이다"라고 지적한 바 있다.

따라서 향후 감독규정 제21조에 대해서 FATF의 기준금액 이하 일회성 금융거래 기준에 부합하도록 금액 한도(원화 2천만원, 미화 1만불 미만)를 두거나, 국제기준에 맞게 "고객확인의무의 면제가 아니라 **간소화된 고객확인**[39] 대상"으로 개정하는 것이 바람직할 것으로 보인다.

아래는 자금세탁방지 업무와 관련하여 FATF 권고사항의 일부를 적용하지 않을 수 있도록 한 FATF 주석서의 언급이다.

(FATF 주석서 1 : 위험평가와 위험기반 접근법의 적용)

A. 각국의 의무 및 결정

6. **면제 사항** – 다음의 경우는 각국이 금융회사 등으로 하여금 일정한 조치를 하도록 하는 일부 권고사항을 적용하지 않도록 할 수 있다.

  (a) ML/TF의 저위험이 입증된 경우; 엄격히 제한되고 정당화된 상황에서 발생한 경우; 특정 유형의 금융회사, 금융활동 등과 관련된 경우
  (b) (자금 또는 가치의 이전을 제외한) 금융활동이 일회적이거나 극히 제한된 상황에서 이루어져 ML/TF 위험도가 낮을 경우

---

39) 간소화된 고객확인에 대해서는 다음 장의 위험기반 접근법에서 자세히 다루도록 하겠다.

수집된 정보가 위험도에 따라 다르더라도 권고사항 11의 기록보존 요건은 수집된 정보 전체에 적용되어야 한다.

4 위험기반 접근법(Risk Based Approach)

위험기반 접근법(RBA)은 FATF가 제시하는 자금세탁 및 테러자금조달을 방지하는 효과적인 방법이다. 위험기반 접근법을 실행하기 위해서는 금융회사 등이 자금세탁 및 테러자금조달 위험을 확인, 평가, 모니터링하는 등 위험을 관리하고 위험을 경감시키는 절차를 갖추어야 한다.

위험기반 접근법의 일반 원칙은 보다 높은 위험이 있는 경우 국가에서 금융회사 등에 강화된 조치를 요구함으로써 그러한 위험을 관리하고 경감시켜야 하며, 마찬가지로 위험이 보다 낮은 경우에는 간소화된 조치를 허용할 수 있다는 것이다.

FATF는 이러한 일반 원칙 외에 주석서 등에서 구체적으로 나열한 예시들에 대해서는 의무사항이 아니며 지침의 목적으로 제시된 것이라고 밝히고 있다. 따라서 이러한 예들은 유용한 지침이지만 모든 상황에 적절하거나 포괄적인 것은 아니라고 언급하고 있음을 참고할 필요가 있다.

가. 강화된 고객확인(Enhanced CDD)

(FATF 기술적 평가방법론)

10.17 금융회사는 자금세탁 또는 테러자금조달 위험이 높은 경우 강화된 CDD를 수행해야 한다.

일반적으로 강화된 고객확인이란 자금세탁 및 테러자금조달 위험이 높은 경우에 금융회사가 고객에 대한 CDD의 이행수준을 높이는 것을 말한다. FATF는 주석서를 통해 강화된 CDD 조치를 아래와 같이 설명하고 있다.

(FATF 주석서 10 : CDD)

강화된 CDD 조치

20. 금융회사는 경제적 또는 법적 목적이 명확하지 않은 모든 복잡하고 비정상적으로 규모가 큰 거래와 비정상적인 패턴을 가진 거래에 대해 합리적으로 가능한 범위까지 그 거래의 배경과 목적을 조사하여야 한다. 금융회사는 자금세탁 및 테러자금조달 위험도가 높은 경우 확인된 위험의 정도에 따라 강화된 CDD 조치를 이행하여야 한다. 특히 이러한 거래 및 행위가 비정상적이거나 의심스러운 것으로 보이는지 여부를 판단하기 위해 **거래관계에 대한 모니터링 수준을 높여야** 한다. 고위험 거래관계에 적용될 수 있는 강화된 CDD 조치는 다음 사항을 포함한다.

- 고객에 대해 **추가적 정보**(예, 직업, 자산규모, 인터넷이나 공공기록물을 통해 확인 가능한 정보 등)를 **취득**하고, 고객과 실제 소유자에 대한 **신원확인 정보를 좀 더 정기적으로 갱신**
- 거래관계의 의도된 **성격**에 관한 추가 정보 취득
- 고객의 **자금** 및 재산의 **원천**에 대한 정보 취득
- 의도된 또는 수행된 **거래의 목적**에 관한 정보 취득
- 거래관계를 수립하고 지속하기 위한 **고위 경영진의 승인** 취득
- **통제의 횟수와 주기를 증가**시킴으로써 거래관계에 대한 **모니터링을 강화**하고, 추가적 조사가 필요한 거래 패턴을 선택
- 유사한 CDD 기준을 준수하는 **타 은행에 개설된 고객 명의의 계좌에서 최초 지급**이 이루어지도록 하여야 함

우리나라는 강화된 고객확인이라는 표현을 법에서 명시하고 있지는 않으나 법 제5조의2 제2항에서 "고객 및 금융거래의 유형별로 자금세탁행위 또는 공중협박자금조달행위의 방지와 관련되는 적절한 조치의 내용·절차·방법을 고객확인을 위한 업무 지침에 포함"하도록 함으로써 간접적으로 위험도에 따른 고객확인, 즉 고위험 고객 등에 대해서는 강화된 고객확인을 하도록 요구하고 있다.

업무규정 제20조 제3항에서는 강화된 고객확인의무를 다음과 같이 정의하고 있다.

(업무규정)

제20조(정의)

③ 강화된 고객확인의무란 자금세탁 등의 위험이 높은 것으로 평가된 고객 또는 상품 및 서비스에 대하여 제38조부터 제40조에 따른 신원확인 및 검증 이외에 제41조부터 제42조 및 제4장에 따른 추가적인 정보를 확인하는 것을 말한다.

업무규정 제38조부터 제40조는 "고객신원확인 및 검증" 관련 조항이고 제41조는 실제 소유자(동 조항은 법개정으로 인하여 삭제될 예정이나 과거에는 고위험익 경우에만 확인하도록 하였으므로 강화된 CDD의 일환이었음), 제42조는 직업 또는 업종, 거래 목적, 자금 원천, 기타 금융회사가 필요하다고 판단한 사항 등의 추가 정보 수집의무를 부여한 조항이다.

또한 업무규정 제4장 고위험군에 대한 강화된 고객확인(업무규정 제55조부터 제75조까지)은 고위험군에 대한 추가 정보 확인 및 모니터링 강화, 임원 등 고위경영진의 승인, 자금세탁 위험을 예방하고 완화할 수 있는 절차와 통제방안 수립·운영 등의 내용을 다루고 있다.

특히 업무규정 제55조와 제56조에서는 고위험군의 정의와 함께 이들 고위험군에 대해 강화된 고객확인 조치를 취할 것을 의무화하고 있다.

(업무규정)

제55조(정의) ① 자금세탁 등의 고위험군이란 제30조 제3항 및 제31조 제3항에 따른 고객 또는 상품 및 서비스 등을 말한다.

② 금융회사 등은 제1항에 따른 고위험군에 대하여 강화된 고객확인을 하여야 하며, 이를 위해 적절한 조치를 취하여야 한다.

제56조(타 고위험군에 대한 조치) 금융회사 등은 제55조 제1항에 다른 고위험군 및 이 장에서 별도로 규정하지 아니한 고위험군에 대하여도 제55조 제2항에 따라 필요한 조치를 취하여야 한다.

또한 제56조에서 규정한 바와 같이 업무규정 제4장에서 별도로 규정하고 있지 않은 고위험 고객, 상품 및 서비스, 국가 등에 대해서도 금융회사가 고위험으로 평가한 경우에는 강화된 고객확인을 하여야 한다.

나. 간소화된 고객확인(Simplified CDD)

(FATF 기술적 평가방법론)

10.18 금융회사는 국가 또는 금융회사에서 실시한 적절한 위험 분석을 통해 저위험으로 확인된 경우에 한하여 간소화된 CDD 절차를 적용할 수 있다. 간소화된 절차는 저위험 요인에 상응하도록 하여야 하며, 자금세탁 또는 테러자금조달이 의심되거나 특정 고위험 시나리오가 적용되고 있는 경우에는 허용해서는 안된다.

간소화된 고객확인은 강화된 고객확인과 반대되는 개념으로 자금세탁 및 테러자금조달 위험이 낮은 경우에 금융회사가 고객에 대한 CDD의 이행수준을 위험이 낮은 수준에 비례하여 일반적인 CDD 이행수준보다 낮추는 것을 말한다. 다만 일반적으로 위험수준이 낮은 경우라 하더라도 자금세탁 등이 의심되거나 비정상적 거래 등에 따른 모니터링 등이 진행되고 있는 경우 등에는 간소화된 고객확인을 하여서는 안된다.

FATF는 주석서를 통해 간소화된 CDD 조치를 다음과 같이 설명하고 있다.

(FATF 주석서 10 : CDD)

간소화된 CDD 조치

21. 자금세탁 또는 테러자금조달의 위험이 낮은 경우 금융회사가 저위험의 성격을 고려하여 간소화된 CDD를 이행하도록 허용할 수 있다. 간소화된 조치는 낮은 위험 요소에 상응하여야 한다(예, 간소화된 조치는 고객 수용 또는 지속적인 모니터링의 측면에서만 적용할 수도 있다). 가능한 조치들의 예는 다음과 같다.

- 거래관계 수립 이후 고객 및 실제 소유자의 신원 확인 및 검증(예, 계좌거래들이 정해진 현금 기준금액 이상인 경우)
- 고객신원확인 갱신 주기의 감소
- 합리적인 현금 기준금액에 근거한 지속적인 모니터링 및 상세 검토 수준의 완화
- 거래관계의 목적 및 의도된 성격을 이해하기 위한 특정 정보의 수집 또는 특정 조치를 이행하지 않아도 되며, 수립된 거래관계 또는 거래 유형으로 그 목적과 성격을 추론하는 것이 가능함

간소화된 CDD 조치는 자금세탁 또는 테러자금 조달이 의심되거나 특별한 고위험 시나리오가 적용되는 상황에서는 허용될 수 없다.

· 강화된 고객확인과 마찬가지로 간소화된 고객확인이라는 표현도 법에서 명시하고 있지는 않으나 법 제5조의2 제2항에 따라 간접적으로 규정하고 있다고 보아야 할 것이다. 또한 현재 시행령 제10조의2 제1항 및 감독규정 제21조에서 명시적으로 고객확인 의무 이행을 완전히 면제하고 있는데, 이는 앞서 언급한 바와 같이 모든 해당거래를 면제할 것이 아니라 간소화된 고객확인으로 대체하는 것이 바람직할 것이다.

업무규정 제20조 제2항에서는 간소화된 고객확인의무를 아래와 같이 정의하고 있다.

(업무규정)

제20조(정의)

② 간소화된 고객확인이란 자금세탁 등의 위험이 낮은 것으로 평가된 고객 또는 상품 및 서비스에 대하여 제1항에 따른 고객확인을 위한 절차와 방법 중 일부 (제38조에 따른 고객신원확인 제외)를 적용하지 않을 수 있음을 말한다. 다만, 다음 각 호의 경우에는 간소화된 고객확인 절차와 방법 등을 적용할 수 없다.

1. 외국인인 고객이 자금세탁방지 국제기구(이하 'FATF'라 한다) 권고사항을 도입하여 효과적으로 이행하고 있는 국가의 국민(법인 포함)이 아닌 경우
2. 자금세탁 등이 의심되거나 위험이 높은 것으로 평가되는 경우

즉, 간소화된 고객확인은 업무규정 제38조의 신원확인을 제외하고 기타 검증 의무 등을 이행하지 않아도 되는 것으로 정의하고 있는데, 이는 아직 우리 법규에서는 시행령 제10조의4에서 모든 고객의 신원 정보를 확인하도록 규정하고 있음에 따라 이를 더욱 간소하게 운영하는 것은 사실상 곤란한 측면이 있었기 때문이다.

그러나 FATF 주석서에서 언급하고 있는 간소화된 CDD 조치의 예시가 과거 외국에서 실제로 운영하던 방식[40]보다는 다소 엄격한 것으로 보아, 우리나라는 향후에도 현행 방식을 유지하면서 검증, 기타 정보 수집, 모니터링 등의 이행에 있어 위험도에 상응하도록 운영하는 것이 더 국제기준에 부합할 것으로 보인다.

다만 저자 개인적 소견으로는 우리나라의 간소화된 고객확인 이행 수준은 일반적으로 금융실명제 확인 수준[41]인 고객 성명과 실명번호에 대한 확인 및 검증 수준이면 족하다고 판단되며, 향후 시행령 개정 등으로 법적 근거가 더욱 명확해지고 위험평가가 합리적으로 이루어진다면 간소화된 고객확인의 이행기준이 보다 구체화될 것으로 기대하고 있다.

5 위험 평가

가. 위험 식별 및 평가

2012년 발표된 FATF의 권고사항은 자금세탁 방지 및 테러자금조달 금지를 위한 위험기반 접근법(RBA)의 적용을 위하여 국가 또는 금융회사는 먼저 위험을 식별(인식)하고 평가하는 절차와 이들 위험을 관리하고 경감시키는 절차를 갖추어야 한다고 명시하고 있다.

---

40) 영국에서는 "간소화된 고객확인에 대하여 일반적인 CDD 절차를 적용하지 않는 것을 의미한다며 고객의 신원확인 및 검증, 실제 소유자 및 거래 목적 등에 대한 정보를 취득하지 않아도 된다는 의미라고 밝히고 있다. 다만 모니터링 수행은 여전히 필수적이며, 감독기관에 이들 저위험에 대한 합리적인 근거를 증명할 수 있어야 한다고 언급하고 있다. 그러나 이러한 언급에도 불구하고 고객에 대한 기초적인 정보를 유지해야 할 필요성이 명백하다"는 다소 애매한 입장을 취하고 있다.
41) 우리나라의 실명번호체계의 특수성은 앞에서 이미 강조한 바 있으며 실명번호의 확보만으로도 충분히 간소화된 고객확인의 목적을 달성할 수 있다고 개인적으로 판단하고 있음.

따라서 금융회사는 고객/국가/상품 및 서비스/거래/채널별 자금세탁 등의 위협(threat) 요소를 파악하고 이해하며, 취약점(vulnerability)을 분석하고 위험을 평가한 후 그 위험을 관리·경감시켜야 한다.

그러나 본서에서는 최근의 이러한 자금세탁방지와 관련한 모든 분야에서의 위험 식별 및 평가가 아닌 이미 2008년 도입되어 운영 중인 위험기반 고객확인제도(CDD)에 국한하여 언급하도록 하겠다.

우리 특정금융거래보고법상 위험의 식별 및 평가를 위한 근거는 앞서 언급한 바와 같이 법 제5조의2 제2항에서 규정하고 있는 "고객 및 금융거래의 유형별"로 고객확인시 자금세탁방지와 관련되는 적절한 조치 등을 하도록 하고 있는 부분이다.

또한 업무규정 제28조에서는 다음과 같이 고객확인에 있어 위험 식별 및 평가를 하도록 명시하고 있으며, 제29조부터 제31조까지 각각 국가·고객·상품 및 서비스 위험을 정의하고 있다.

(업무규정)

제28조(위험분류 등) ① 금융회사 등은 자금세탁 등과 관련된 **위험을 식별하고 평가하여 고객확인에 활용하여야** 한다.
② 금융회사 등은 자금세탁 등과 관련된 **위험을 식별하고 평가함에 있어 다음 각호의 위험을 반영하여야** 한다.
  1. 국가위험
  2. 고객유형
  3. 상품 및 서비스 위험 등
③ 금융회사 등은 해당 고객의 자금세탁 등의 위험도가 적절하게 반영되도록 위험 평가요소와 중요도를 정하여 자금세탁 등의 위험을 평가하여야 한다.

제29조(국가위험) ① 금융회사 등은 특정국가의 자금세탁방지제도와 금융거래 환경이 취약하여 발생할 수 있는 자금세탁 등의 위험(이하 '국가위험'이라 한다)을 평가하여야 한다.

제30조(고객유형 평가) ① 금융회사 등은 고객의 특성에 따라 다양하게 발생하는 자금세탁 등의 위험(이하 '고객위험'이라 한다)을 평가하여야 한다. 이 경우 고객의 **직업(업종)**, 거래유형 및 거래빈도 등을 활용할 수 있다.

제31조(상품 및 서비스 위험) ① 금융회사 등은 고객에게 제공하는 상품 및 서비스에 따라 다양하게 발생하는 자금세탁 등의 위험(이하 '상품위험'이라 한다)을 평가하여야 한다. 이 경우 상품 및 서비스의 종류, **거래채널** 등을 활용하여 평가할 수 있다.

일반적으로 국가위험은 FATF 성명서, 제재(sanction), 마약, 자금세탁 통제 수준, 조세회피, 부패 수준 등에 따라, 고객위험은 현찰거래가 많거나 부패 관련성이 있는 등의 직업적 특성, 정치적 주요인물(PEPs) 여부, 복잡한 지배구조, 합리적 이유없이 복잡하고 큰 거래를 요청하는 등의 거래패턴 등에 따라, 상품 및 서비스 위험은 금융거래의 익명성 및 제3자 거래가 가능한지 여부 등에 따라 각각 위험을 평가하고 있다.

FATF 주석서상 금융회사 등의 위험평가에 대한 언급은 아래와 같다.

(FATF 주석서 1 : 위험 평가와 위험기반 접근법의 적용)

B. 금융회사 및 DNFBP의 의무 및 결정

8. 위험 평가 – 금융회사 및 DNFBPs(지정 비금융사업자) 등은 ML/TF 위험(고객별, 국가 및 지역별, 상품/서비스/거래/전달채널별)을 확인 및 평가하기 위한 적절한 조치를 취해야 한다. 평가 근거 입증, 평가 업데이트를 위하여 그러

한 평가를 문서화하고 관계당국 및 자율규제기구 등에 위험평가 정보를 제공하는 적절한 메커니즘을 마련하여야 한다. ML/TF 위험평가의 성격 및 범위는 사업의 성격과 규모에 상응해야 한다. 〈이하 생략〉

아울러 자금세탁 등의 위험을 평가하는 데 있어 영향을 미치는 "위험 변수"에 대해서도 언급하고 있다.

(FATF 주석서 10 : CDD)

위험 변수

19. 고객, 국가 또는 지역, 특정 상품 및 서비스, 거래 또는 전달채널의 위험성과 관련하여 자금세탁 또는 테러자금조달의 위험성을 평가함에 있어 금융회사는 이들 위험 카테고리들과 관련한 변수를 고려하여야 한다. 이들 변수들은 단독으로 혹은 복합적으로 작용하여 잠재적 위험성을 증가 또는 감소시킬 수 있으며 이에 따라 CDD 조치의 적절한 수준을 결정하는데 영향을 미친다.

그러한 변수들의 예;
- 거래 또는 거래관계의 목적
- 고객이 예치하는 자산의 수준 또는 수행된 거래의 규모
- 거래관계의 규칙성(regularity) 또는 지속 기간

또한 주석서에서는 위험 관리 및 완화(경감)에 대해서도 다음과 같이 언급하고 있으니 실무에 적용함에 있어 참고하기 바란다.

(FATF 주석서 1 : 위험 평가와 위험기반 접근법의 적용)

B. 금융회사 및 DNFBP의 의무 및 결정

9. **위험 관리 및 경감** - 금융회사 및 DNFBPs는 (국가, 금융회사 등이 확인한) 위험의 효과적인 관리 및 경감을 위한 정책, 통제 및 절차를 마련하여야 한다. 또한 필요시 그러한 통제를 모니터링하고 강화하여야 한다. 정책, 통제 및 절차는 고위경영진의 승인을 받아야 하며, 위험 관리 및 완화를 위해 (위험의 높고 낮음에 관계없이) 시행된 조치는 자국의 의무사항과 관계당국 및 자율규제기구의 지침과 일치하여야 한다.

12. 위험평가시 금융회사 및 DNFBPs는 전체 위험도 및 적용할 경감 조치의 적절한 수준을 결정하기 전에 모든 관련 위험 요소를 고려하여야 한다. 금융회사 등은 다양한 **위험 요소의 위험 유형 및 수위에 따라 조치의 범위를 차별화 할 수 있다.** (예를 들어, 상황에 따라 고객수용조치는 일반적인 CDD를, 상시 모니터링에서는 강화된 CDD를 취할 수 있으며 반대로도 가능하다)

금융회사의 고위 경영진은 각 금융회사의 영업 분야, 환경, 고객 특성, 특정 상품의 취급, 지리적 특수성, 비고객 거래의 비율 등 다양한 위험 요인에 따라 금융회사별로 자금세탁 및 테러자금조달 위험이 다르다는 것을 인식하고 각자의 상황에 맞는 위험평가 방법을 마련해야 한다.

또한 이와 같이 위험평가를 통해 파악된 위험의 관리 및 경감 시스템이 효율적으로 작동되기 위해서는 무엇보다 금융회사 고위 경영진의 적극적인 지원과 함께 모든 부서의 협조 및 이해가 필요하며, 내부통제 정책에 명시적으로 반영되어 우선 적용될 수 있는 메커니즘이 확보되어야 할 것이다.

나. 고위험

일반적으로 자금세탁 등의 위험이 높다고 판단하는 위험 요소에 대하여 FATF는 주석서를 통해 다음과 같이 설명하고 있다.

(FATF 주석서 10 : CDD)

고위험

15. 자금세탁 또는 테러자금조달의 **위험이 높은 상황에서는 강화된 CDD 절차를 이행해야 한다**. 고객 유형, 국가 및 지역, 특정 상품, 서비스, 거래 및 전달 채널과 관련하여 자금세탁 및 테러자금조달 위험 평가시 잠재적 고위험 상황은 (권고사항 12부터 16[42])에서 언급된 것에 더하여) 다음을 포함한다.

(a) 고객 위험 요인들 :

비정상적인 상황에서 수행되는 거래관계(예, 금융회사와 고객 간의 지리적 거리가 설명할 수 없이 매우 먼 경우)

- 비거주자인 고객
- 개인자산의 보유수단인 법인 또는 법률관계
- 명의주주가 있거나 무기명 주식을 발행한 회사
- 현금 위주의 사업

회사의 사업성격에 비해 비정상적이거나 지나치게 복잡한 지배 구조

(b) 국가 또는 지리적 위험 요인들 :

- 상호평가, 상세평가보고서 또는 발표된 후속조치 보고서 등과 같은 신뢰할 수 있는 출처에 의해 적절한 AML/CFT 시스템을 갖추지 못한 것으로 확인된 국가
- 예를 들면 UN 등으로부터 제재, 봉쇄 또는 유사한 조치를 받은 국가
- 신뢰할 수 있는 출처로부터 부패 또는 기타 범죄 행위의 수준이 심각한 것으로 확인된 국가
- 신뢰할 수 있는 출처로부터 테러 활동에 대한 자금조달 및 지원을 제공

---

42) 권고사항 12는 정치적 주요인물, 13은 환거래 은행, 14는 MVTS(자금 또는 가치 이전 서비스), 15는 새로운 기법, 16은 전신송금 등의 권고사항으로 고위험 관련 사항들을 별도로 다루고 있음.

하거나 지정된 테러조직이 국내활동 중인 것으로 확인된 국가 또는 지역

(c) 상품, 서비스, 거래 또는 전달 채널 위험 요인들 :
- 프라이빗 뱅킹
- 무기명 거래(현금이 포함될 수 있음)
- 비대면 거래관계 또는 거래
- 익명 또는 관련 없는 제3자로부터의 지급

이러한 위험요소들로 인하여 고위험으로 확인된 경우 국가 및 금융회사의 역할에 대해서는 FATF 권고사항 1에 대한 주석에서 다음과 같이 언급하고 있다.

(FATF 주석서 1 : 위험 평가와 위험기반 접근법의 적용)

A. 각국의 의무 및 결정

4. **고위험** – 고위험을 확인한 경우 각국은 위험을 적절히 관리하고 경감시키기 위하여 자국의 AML/CFT 시스템이 이들 고위험을 인지하도록 하고, 이러한 고위험을 경감시키기 위해 자국이 취한 조치에 따라 금융회사 및 DNFBPs로 하여금 위험을 관리·경감시키는 강화된 조치를 취하도록 하거나 금융회사 등이 실시하는 위험평가에 이러한 위험이 포함되도록 하여야 한다.
   FATF 권고사항에서 강화된 조치 또는 특별한 조치를 요구하는 고위험 활동에 대해서는 비록 특정 위험의 수준에 따라 적용할 조치의 정도는 다르게 할지라도 그러한 조치들을 모두 적용하여야 한다.

B. 금융회사 및 DNFBPs의 의무 및 결정

10. **고위험** – 고위험이 확인된 경우 금융회사 및 DNFBPs는 해당 위험의 관리 및 경감을 위해 강화된 조치를 시행하여야 한다.

우리나라는 아직 국가위험평가(NRA : National Risk Assessment) 작업이 진행 중이므로 현재 모든 고위험을 다루고 있지는 않으나, 업무규정 등에서 정하고 있는 고위험 국가, 고객, 상품 및 서비스 등에 대하여 각 금융회사는 적용할 조치의 정도는 다르게 할지라도 고위험으로 관리하여야 할 것이다.

2010년 제정된 업무규정이 정의하고 있는 국가위험 관련 고위험은 다음과 같다.

(업무규정)

제29조(국가위험) ② 금융회사 등이 제1항에 따라 국가위험을 평가하는 때에는 다음 각 호와 같은 공신력 있는 기관의 자료를 활용하여야 한다.
1. FATF가 발표하는 비협조 국가리스트
2. FATF Statement에서 FATF 권고사항 이행 취약국가로 발표한 국가리스트
3. UN 또는 타 국제기구(Worldbank, OECD, IMF 등)에서 발표하는 제재, 봉쇄 또는 기타 이와 유사한 조치와 관련된 국가리스트
4. 국제투명성기구 등이 발표하는 부패 관련 국가리스트 등

업무규정 제29조 제2항 제1호의 FATF가 지정하는 비협조 국가 리스트 (NCCT : non-cooperative countries and territories)는 2000년 6월 15개국을 발표한 이후 19개국까지 증가했다가, 지정된 각국이 최소한의 자금세탁방지 체계를 갖추게 됨에 따라 2006년 10월 미얀마를 마지막으로 해제한 이후 현재까지 지정된 바 없으며 FATF에서 동 절차는 사실상 폐지된 것으로 보인다.

업무규정 제29조 제2항 제2호의 FATF Statement에서 이행 취약국가로 발표하는 국가리스트는 ① 대응조치(counter-measure) 대상국, ② 블랙 리스트(black-list)국, ③ 그레이 리스트(grey-list)국으로 나뉘는데 2015년말 현재 대응조치 대상국은 이란, 북한 2개국, 블랙 리스트국은 알제리, 미얀마

2개국, 그레이 리스트국은 아프카니스탄, 수단, 시리아 등 12개국이 지정되어 있다.

FATF는 ① 대응조치 대상국에 대해서는 사실상 해당국가와의 금융거래를 중단하도록 하고 있으며, ② 블랙 리스트 국가에 대해서도 각국에 "해당국가와의 거래관계에 특별한 주의"를 기울이도록 함으로써 고위험으로 관리하도록 요구하고 있다. 또한 ③ 그레이 리스트국에 대해서는 "해당국가와 거래시 위험을 참고"하도록 하고 있으므로 국가 위험도에 반영하도록 하고 있다.

업무규정 제29조 제2항 제3호 및 제4호에서 UN 등의 제재, 봉쇄 조치 및 국가 부패수준 등을 참고하도록 하는 것도 FATF 권고에 따른 것이다.

앞에서 살펴 본 FATF 권고에 따라 우리 업무규정이 정하고 있는 고객위험, 상품 및 서비스 위험 관련 고위험은 아래와 같다.

(업무규정)

제30조(고객유형 평가) ③ 금융회사 등은 다음 각 호의 고객을 자금세탁 등과 관련하여 추가정보 확인이 필요한 고객으로 고려하여야 한다.

1. 금융회사 등으로부터 종합자산관리서비스를 받는 고객 중 금융회사 능이 주가정보 확인이 필요하다고 판단한 고객
2. 외국의 정치적 주요인물
3. 비거주자
4. 대량의 현금(또는 현금등가물) 거래가 수반되는 카지노사업자, 대부업자, 환전상 등
5. 고가의 귀금속 판매상
6. 금융위원회가 공중협박자금조달과 관련하여 고시하는 금융거래 제한대상자

7. UN에서 발표하는 테러리스트에 포함된 자

8. 신탁받은 개인자산을 운영, 관리하기 위하여 별도로 설립된 법인 또는 단체 (「자본시장과 금융투자업에 관한 법률」에 의한 집합투자기구 및 신탁업자는 제외)

9. 명의주주가 있거나 무기명주식을 발행한 회사

제31조(상품 및 서비스 위험) ③ 금융회사 등은 다음 각 호의 상품 및 서비스를 자금세탁 등의 위험이 높은 상품 및 서비스로 고려하여야 한다.

1. 양도성 예금증서(증서식 무기명)

2. 환거래 서비스

3. 비대면 거래

4. 기타 정부 또는 감독기관에서 고위험으로 판단하는 상품 및 서비스 등

이밖에 앞서 언급한 업무규정 "제4장 고위험군에 대한 강화된 고객확인 (업무규정 제55조부터 제75조까지)"에서 고위험군 및 각 고위험으로 다루어야 하는 항목들도 아래와 같이 정의하고 있다.

(업무규정)

제55조(정의) ① 자금세탁 등의 고위험군이란 제30조 제3항 및 제31조 제3항에 따른 고객 또는 상품 및 서비스 등을 말한다.

제57조(정의) 환거래계약이란 은행(환거래은행)이 금융상품 및 서비스(환거래서비스)를 국외의 은행(환거래 요청은행)의 요청에 의해 제공하는 관계를 수립하는 것을 말한다.

제61조(정의) ① 제30조 제3항제1호에서 말하는 **종합자산관리서비스를 받는 고객** 중 추가정보 확인이 필요한 고객이란 금융회사 등으로부터 투자자문을 비롯한 법률, 세무설계 등 종합적인 자산관리서비스를 제공받는 고객 중 금융회사 등

이 추가정보 확인이 필요하다고 판단한 고객을 말한다.

제64조(정의) ① **외국의 정치적 주요인물**이란 현재 또는 과거(일반적으로 사임 후 1년 이내)에 외국에서 정치적·사회적으로 영향력을 가진 자, 그의 가족 또는 그와 밀접한 관계가 있는 자를 말한다.

제69조(정의) FATF 비협조국가란 다음 각 호의 리스트에 속한 국가를 말한다.

1. FATF에서 발표하는 비협조국가 리스트(non-cooperative countries and territories)
2. FATF Statement에서 FATF 권고사항 이행 취약국가로 발표한 국가리스트

제73조(정의) ① **공중협박자금조달고객**이란 다음 각 호와 같다.

1. 금융위원회가 공중협박자금조달과 관련하여 고시하는 금융거래제한대상자
2. UN에서 발표하는 테러리스트

업무규정 제61조의 종합자산관리서비스를 받는 고객은 국제기준상의 프라이빗 뱅킹(PB)을 염두에 두고 만들어진 규정이다. 업무규정 제64조의 외국의 정치적 주요인물과 관련해서는 정의 조항에서 "사임 후 1년 이내"로 제한하고 있는 부분을 삭제함이 바람직하다. 이는 최근 노르웨이의 상호평가에서 지적받은 사항이다. 또한 국제기준에 따라 내국인 정치적 주요인물 및 국제기구 정치적 주요인물도 향후 자금세탁 법규에 반영이 필요한 부분이다.

한편 국제기준 및 국내 업무규정에서 명시하고 있지는 않으나 미국 BSA에서 고위험으로 명시하고 있는 직업군은 "변호사, 회계사, 의사, 부동산중개업자와 같은 전문직 종사자"임을 참고할 필요가 있다. 따라서 대형 법무법인이나 회계법인 등에 대해서도 실무에서 고위험으로 적절히 다루어지고 있는지 검토할 필요[43]가 있다.

---

43) 다만 고위험 법인에 근무하는 모든 개인(예를 들어 변호사나 회계사가 아닌 개인)을 고위험으로 보아야 하는지에 대해서는 이론이 있을 수 있다.

다. 저위험

고위험에 반대되는 개념으로 자금세탁 등의 위험이 낮다고 판단하는 요소에 대하여 FATF는 주석서에서 다음과 같이 설명하고 있다.

(FATF 주석서 10 : CDD)

저위험

16. 자금세탁 또는 테러자금조달의 위험이 낮은 상황이 있다. 이러한 상황에서 국가 또는 금융회사에 의해 적절한 위험 분석이 이행되었다는 전제하에 각국은 금융회사가 간소화된 CDD 조치를 적용할 수 있도록 허용하는 것이 합리적일 수 있다.

17. 고객 유형, 국가 또는 지역, 특정 상품 및 서비스, 거래 또는 전달채널과 관련하여 자금세탁 및 테러자금조달 위험성을 평가할 때 잠재적인 저위험 상황은 다음과 같다;

 (a) 고객 위험 요인들 :
   ■ 금융회사 및 DNFBPs - FATF 권고사항에 따라 자금세탁 및 테러자금조달을 방지하기 위한 의무가 있는 경우 그러한 의무를 효과적으로 이행해 왔고, 의무 준수를 위해 권고사항에 따라 효과적인 감독 및 모니터링을 받고 있는 경우
   ■ 증권거래소에 상장되어 있으면서 실제 소유자의 적절한 투명성을 입증할 수 있도록 (증권거래법 또는 강제적 수단 등에 의해) 공시의무를 부과 받고 있는 공공 기업
   ■ 행정기관 또는 공사

(b) 상품, 서비스, 거래 또는 전달채널 위험 요인들 :

- 보험료가 낮은 생명보험(예. 연간 보험료 납부액이 1,000USD/EUR 이하이거나 일시납 보험료가 2,500USD/EUR 이하)
- 조기 해약 조항이 없고 담보로 사용될 수 없는 연금보험
- 급여에서 공제되는 방식으로 조성되고 약관상 회원의 이익 양도를 허용하지 않는 피고용자에게 지급하는 퇴직연금, 퇴직수당 또는 유사한 제도
- 금융 포용(financial inclusion)[44] 목적으로 접근성 제고를 위해 특정 고객에게 제공되는 적절히 정의되고 제한된 금융상품 또는 서비스

(c) 국가 위험 요인들 :

- 상호평가 또는 상세 평가보고서와 같은 신뢰할 수 있는 출처에 의해 효과적인 AML/CFT 시스템을 갖추고 있다고 확인된 국가
- 신뢰할 수 있는 출처에 의해 부패 또는 기타 범죄 활동의 수준이 낮은 것으로 확인된 국가

이러한 요소들로 인하여 저위험으로 확인된 경우 국가 및 금융회사의 역할에 대하여는 FATF 권고사항 1에 대한 주석서에서 아래와 같이 언급하고 있다.

(FATF 주석서 1 : 위험 평가와 위험기반 접근법의 적용)

A. 각국의 의무 및 결정

5. **저위험** – 각국은 저위험이 확인되고 이것이 "주석서 3"에서 언급된 각국의 ML/TF 위험평가와 일치하는 경우, 금융회사 등에 대해 일부 권고사항의 간소화된 조치를 허용할 수 있다.
   각국은 또한 위 특정 저위험 카테고리에 대한 결정과 별도로 아래 section B의 "금융회사 및 DNFBPs의 의무 및 결정"과 "주석서 7"의 요건이 충족되는

---

44) 일반적으로 사회적 약자(금융 소외자)에게도 금융서비스에 대한 기회를 제공하는 것을 의미.

경우 금융회사 등이 간소화된 CDD를 적용하는 것을 허용할 수 있다.

7. **감독 및 모니터링 위험** – 감독기관(또는 관련 DNFBPs 부문의 자율규제기구들)은 금융회사 및 DNFBPs가 아래 명시된 의무(B. 금융회사 및 DNFBPs의 의무 및 결정)를 효과적으로 이행하도록 하여야 한다. 감독기관 및 자율규제기구가 이러한 기능을 수행하는 때에는 권고사항 26(금융회사에 대한 규제와 감독) 및 28(DNFBPs에 대한 규제와 감독)의 주석서에 언급된 내용에 따라 금융회사 등이 준비한 자금세탁 위험 프로파일과 위험평가서를 검토하여야 하며, 그 결과를 고려하여야 한다.

B. 금융회사 및 DNFBPs의 의무 및 결정

11. **저위험** – 저위험이 확인된 경우 각국은 금융회사 및 DNFBPs가 해당 위험을 관리하고 경감하기 위하여 간소화된 조치를 시행하는 것을 허용할 수 있다.

이러한 FATF 국제기준에 따라 우리나라 업무규정이 정의하고 있는 저위험은 아래와 같다.

(업무규정)

제30조(고객유형 평가) ② 금융회사 등은 다음 각 호의 고객을 자금세탁 등의 위험이 낮은 고객으로 고려할 수 있다.
 1. 국가기관, 지방자치단체, 공공단체(영 제8조의5에 따른 공공단체)
 2. 법 제2조 및 제11조에 따른 감독·검사의 대상인 금융회사 등(카지노사업자 제외)
 3. 주권상장법인 및 코스닥 상장법인 공시규정에 따라 공시의무를 부담하는 상장회사

제31조(상품 및 서비스 위험) ② 금융회사 등은 다음 각 호를 자금세탁 등의 위험이 낮은 상품 및 서비스로 고려할 수 있다.

1. 연간보험료가 300만원 이하이거나 일시 보험료가 500만원 이하인 보험
2. 보험해약 조항이 없고 저당용으로 사용될 수 없는 연금보험
3. 연금, 퇴직수당 및 기타 고용인에게 퇴직 후 혜택을 제공하기 위하여 급여에서 공제되어 조성된 기금으로서 그 권리를 타인에게 양도할 수 없는 것 등

업무규정 제30조 제2항 제2호에 해당하는 금융회사 중에는 제3항에서 고위험으로 관리하도록 하는 환전상이 포함되어 있으므로 향후 업무규정 개정을 통해 현행 카지노사업자뿐만 아니라 환전상도 명시적으로 제외하여야 할 것이다.

또한 업무규정 제31조 제2항 제1호는 당시 우리 보험업계의 의견을 받아들여 FATF 국제기준(1,000USD/EUR 및 2,500USD/EUR)에 비해 기준금액이 상당히 완화되어 있으므로 향후 이에 대한 검토도 필요할 것으로 보인다.

제3장

기 타

제3장
기 타

1 CDD 조치에 실패한 경우

FATF는 금융회사가 CDD를 이행할 수 없는 경우에는 고객수용을 하지 않고 해당 거래도 수행하지 않도록 의무화하고 있다. 또한 이 경우 해당 고객에 대한 의심거래보고(STR)를 검토하도록 하고 있다.

(FATF 권고사항 10)

금융회사가 위의 (a)부터 (d)까지의 의무(위험기반 접근법에 따라 조치의 범위는 적절히 조절이 가능함)를 적용할 수 없는 경우에는 계좌 개설, 거래관계 수립 또는 거래의 수행을 거절하여야 하고, 이미 수립된 거래관계는 종료하여야 하며, 해당 고객에 대한 의심거래보고를 검토하여야 한다.

FATF 기술적 평가방법론에서도 권고사항과 같은 말이 반복되고 있다.

(FATF 기술적 평가방법론)

10.19 금융회사가 관련된 CDD 조치를 준수하지 못하는 경우 :
  (a) 계좌를 개설하거나 거래관계를 수립하거나 해당 거래를 수행해서는 안되며,
      기존 거래관계를 종료하여야 한다. 그리고
  (b) 해당 고객에 대하여 STR을 검토하여야 한다.

2008년 우리나라에 대한 FATF 상호평가 당시 이러한 규정이 불비하다는 지적에 따라 아래와 같이 업무규정에 동 내용을 반영하였으나, 당시의 금융관행에서 신규거래 거절 및 기존 거래관계 종료를 의무화하는 것은 다소 어려움이 있다고 판단하여 "하여야 한다"라는 강행규정이 아닌 "할 수 있다"라는 임의규정으로 도입한 부분과 "기존 거래관계 종료"가 아닌 "당해 거래 중단"으로 규정한 것이 국제기준에 비추어 미흡한 부분이었다.

또한 거래관계 수립 거절 및 기존 거래관계 종료라는 중요한 의무의 부과는 법으로 규제하는 것이 타당하므로 업무규정에서 정의하는 것은 한계[45]가 있었다.

(업무규정)

제44조(고객확인 및 검증거절시 조치 등) ① 금융회사 등은 신규 고객이 신원확인 정보 등의 제공을 거부하는 등 고객확인을 할 수 없는 때에는 당해 고객과의 거래를 **거절할 수 있다.** 이 경우 금융회사 등은 법 제4조에 따른 의심되는

---

45) 업무규정 제정 당시 "고객확인의무는 법적 근거가 있으나 거래거절은 법적 근거가 없으며, 신원확인 불가를 이유로 기존 거래를 정지시키는 것은 금융거래의 안정성을 해할 우려가 있다"는 규제개혁위원회 심의 의견에 따라 신규거래 거절 및 기존 거래 중단은 임의 규정으로 변경하였음.

거래보고를 검토하여야 한다.

② 금융회사 등은 이미 거래관계는 수립하였으나 고객확인을 할 수 없는 때에는 당해 거래를 **중단할 수 있다.** 이 경우 금융회사 등은 법 제4조에 따른 의심되는 거래보고를 검토하여야 한다.

참고로, 노르웨이는 기존 거래관계 종료와 관련하여 "CDD가 완결되지 않은 경우에 거래관계 종료"가 아닌 "ML/TF 위험과 관련된 경우 거래관계 종료" 의무를 도입하였는데, 이는 FATF 권고와 일치하지 않는다는 지적과 함께 STR 검토 의무조항이 없는 것도 함께 지적되어 최근 상호평가에서 미이행으로 평가받았다.

반면 우리나라는 2014년 5월 특정금융거래보고법 개정을 통하여 국제기준과 같은 내용을 그대로 반영함으로써 업무규정에서 일부 미흡했던 부분이 완전히 치유되었으며, 향후 업무규정 제44조는 삭제될 예정이다.

법 제5조의2(금융회사 등의 고객확인의무)

④ 금융회사 등은 고객이 신원확인 등을 위한 정보 제공을 거부하여 고객확인을 할 수 없는 경우에는 계좌 개설 등 해당 고객과의 **신규거래를 거절**하고, 이미 거래관계가 수립되어 있는 경우에는 **해당 거래를 종료하여야 한다.**

⑤ 제4항에 따라 거래를 거절 또는 종료하는 경우에는 금융회사 등은 제4조에 따른 의심되는 거래의 보고 여부를 검토하여야 한다.

동 법문 중 "이미 거래관계가 수립되어 있는 경우에는 해당 거래를 종료"하라는 의미에 대하여, "해당 고객과의 거래관계를 종료하라"로 해석하는 것이 올바른 해석이며 국제기준도 그러하다.

다만 법문상에는 해당 거래의 종료로만 표현되어 있으므로 금융회사의 입장에서는 위험도에 따라 거래관계는 유지하되 해당 일회성 거래 또는 해당 계좌만 종료하는 식으로 당분간 활용할 여지도 있는 것으로 보인다. 그

러나 이는 국제기준과는 다른 해석임에 유의할 필요가 있으며 감독·검사 리
스크가 발생할 수 있을 것으로 보인다.

CDD 절차를 완료할 수 없는 경우에 금융회사의 대응방안에 대하여 아
래의 국제기준이나 각국의 법규를 참고하는 것은 우리의 실무에 적용함에
있어 도움이 될 것으로 보인다.

바젤(BASEL) CDD

28. 거래관계 수립 후 신원검증 과정에서 해결 불가능한 문제가 발생하는 경우에
   는 금융회사는 계좌를 폐쇄하고 예금은 최초 입금된 곳으로 반환하여야 한다.

미국 BSA

CDD 프로그램에는 은행이 고객의 **신원을 정확히 확인할 수 없는 경우를 대비한
절차가 마련**되어 있어야 하며, 다음의 내용이 포함되어야 한다.
 - 거래관계를 수립해서는 안되는 경우
 - 고객의 신원을 확인하는 동안 계좌를 사용할 수 없는 기간
 - 고객 신원확인이 불가능하여 계좌를 해지하여야 하는 경우
 - 관련 법규에 따라 STR을 하여야 하는 경우

영국 JMLSG

5.2.9 금융회사가 신원확인을 합리적으로 이행할 수 있는 방법을 찾는 동안 예금
   을 보유할 수는 있으나, 달리 방법이 없다면 자금을 원래의 출처로 돌려
   주어야 한다. 이처럼 자금을 되돌려주는 것은 거래관계의 중단이며 계좌를
   폐쇄하는 것으로 고객과의 거래관계를 종료한다.

CDD 조치에 실패한 경우 관련 Q&A

> **1. 고객확인정보 제공 거부시 신규거래 거절 및 해당 거래 종료 제도가 도입된 사유는?**

CDD 제도는 금융회사가 고객 신원의 위·변조 및 불법 자금 거래로 인해 발생할 수 있는 각종 위험을 방지하기 위한 필수불가결한 절차임.

법상 의무인 CDD 제도를 이행하기 위한 금융회사의 정상적인 요구를 거부하는 고객에 대해 금융회사가 고객 수용을 거부하도록 규정한 것은 국제기준의 준수 여부를 떠나 계약 당사자로서 금융회사의 당연한 권리라 할 것이며, 금융회사가 동 제도를 실효성 있게 운영할 수 있는 법적 기반을 마련함으로써 각종 범죄 예방 및 투명한 금융질서 확립에 기여할 것으로 기대됨.

> **2. 기존 고객의 CDD 재이행을 위한 금융회사의 정보제공 요구에 대해 고위험 고객이 신원정보는 제공하였으나, 거래 목적이나 자금 원천 등 일부 EDD 정보의 제공을 거부하는 경우에도 해당 거래를 종료하여야 하는가?**

우리 법규는 위험도에 기반하여 CDD 제도를 운영하도록 규정하고 있으므로 고위험 고객이 EDD 정보를 제공하지 않는 경우 기존 거래관계를 종료하는 것이 원칙적으로는 가능할 것임.

그러나, 국내에서 아직 EDD 정보의 검증을 의무화하고 있지 않은 상황에서 고객 신원정보를 제공하였으나 EDD 정보의 제공을 거부하였다는 이유만으로 기존 거래를 종료하는 것은 실제 운영에 있어서는 어려움이 있을 수 있으므로, 이 경우 금융회사는 무조건 거래를 거절하기보다는 STR을 검토하고 모니터링을 강화하는 방안으로 운영하는 것도 가능할 것으로 판단됨.

> 3. 이미 거래관계가 수립되어 있는 고객의 CDD 정보제공 거부시 해당 거래를 종료하기 위한 금융회사의 구체적 방법이나 절차는?

CDD를 거부한 기존 고객에 대한 해당 거래(기존 거래관계) 종료는 여신상품인 경우, 인터넷 금융거래만 지속하는 경우 등 상품별, 거래채널별 다양한 이슈가 발생할 수 있으므로 획일적 기준을 제시하기는 곤란할 것임.

따라서 각 금융회사가 동 제도의 취지를 감안하여 일정 기간의 유예기간(예, 30~60일) 동안 고객확인을 위한 정보제공을 요구하고 이를 거부하는 고객에 대해서 자율적으로 기존 거래관계를 종료하는 것이 바람직할 것으로 보임.

> 4. 고객이 연락이 되지 않아 CDD 재이행을 못하는 경우(예, 휴면계좌 고객 등) 동 법 제5조의2 제4항을 적용하여 기존 거래관계 종료가 가능한가?

고객이 연락이 되지 않아 CDD 재이행을 못하는 경우 선진국 금융회사들은 거래관계를 종료하도록 요구하고 있는 것으로 알고 있음.

그러나 외국과 달리 금융회사에 대해 단순 영리업체라기보다는 공공 서비스라는 시각을 가진 우리나라에서 단순히 연락이 되지 않는 고객에 대해 동 법 조항의 고객정보 제공을 거부한 고객으로 간주하여 거래관계를 종료해야 한다고 해석하기는 곤란하며, 저위험 개인 고객의 경우 더욱 그러함.

특히 휴면계좌 고객은 자금세탁 위험이 매우 낮은 것으로 판단되며, 이들 휴면계좌 거래를 종료하는 것은 특정금융거래보고법에서 규율하고 있지 않음.

다만, 연락이 되지 않으면서 고위험 거래를 지속하고 있는 고객에 대해서는 인터넷 등 비대면 거래를 포함하여 금융거래를 일시 중단하고 CDD를 이행한 후 거래를 할 수 있도록 하는 법적 근거의 마련이 필요하다고 판단됨.

5. STR이 반복되는 고위험 고객에 대한 기존 거래관계 종료가 가능한가?

CDD를 거부한 고객이 아닌 STR이 반복되는 고위험 고객에 대한 거래관계 종료는 FATF 권고사항이나 타국의 입법사례가 있어야 특정금융거래보고법에 반영이 가능할 것임.

외국도 금융회사 스스로 위험 회피(de-risking) 차원에서 동 정책을 운영하는 것으로 알고 있음.

따라서 현재로서는 해당 금융회사가 타 금융 법규 또는 약관에 저촉되지 않는 범위에서 자율적으로 판단하여 결정할 사안으로 보임.

6. 상임대리인을 통한 비거주 외국법인의 신규계좌 개설시 해당 금융회사에 실제 소유자 확인 정보도 제공해야 하는지?

비거주 외국법인을 대신하여 상임대리인이 신규계좌를 개설하여 주는 것이므로 당연히 법인의 실제 소유자 확인 정보를 포함한 CDD 정보를 제공하여야 함.

상임대리인이 동 정보를 제공하지 않는 경우 해당 금융회사는 신규계좌 개설을 거절하여야 하며, 이미 거래관계가 수립되어 있는 경우에는 거래관계를 종료하여야 함.

2 CDD와 정보 누설

자금세탁방지제도에 있어 정보 누설 금지와 비밀유지 의무는 과거에는 STR 보고와 관련하여 "금융회사 임직원이 STR 또는 관련 정보가 FIU에 보고·제공되었다는 사실을 누설하지 못하도록 법으로 규정46)"할 것만을 요구해 왔다.

그러나 2012년 개정된 FATF 권고사항에서는 처음으로 CDD와 관련하여 정보 누설을 언급하고 있는데, 이는 자금세탁 등이 의심될 때 CDD를 이행하도록 한 규정에 따라 CDD를 이행하는 것이 금융거래 상대방에게 사실상 STR을 누설하게 될 가능성이 있고 이러한 결과로 오히려 자금세탁 또는 테러자금조달 수사에 차질을 빚을 수 있다는 실제 제도 운영과정에서의 문제점을 보완하기 위한 것으로 보인다.

FATF 기술적 평가방법론에서는 이를 다음과 같이 규정하고 있다.

(FATF 기술적 평가방법론)

10.20 금융회사는 자금세탁 또는 테러자금조달이 의심되지만 CDD를 수행하는 것이 해당 고객에게 정보 누설을 하게 될 상황이라는 것이 합리적으로 판단되는 경우에는 CDD 절차를 수행하지 않는 대신에 반드시 STR을 하도록 허용하여야 한다.

또한 FATF 주석서에서는 이를 상세히 설명하고 있다.

---

46) 2012년 FATF 권고사항에서는 R21에서 규정(3차 라운드에서는 R14에서 규정). 우리나라는 특정금융거래보고법 제4조 제6항에서 이를 명시하고 있다.

(FATF 주석서 10 : CDD)

A. 고객확인제도와 정보 누설

1. 거래관계를 수립하거나 그 과정에 있는 경우 또는 일회성 금융거래를 수행하는 때에 그러한 거래들이 자금세탁 또는 테러자금조달과 관련된 것으로 의심되는 경우 금융회사는 다음 사항을 이행해야 한다.
   (a) 일반적으로는 계속적 거래 또는 일회성 거래를 불문하고, 다른 예외조항이나 기준금액에 관계없이 고객 및 실제 소유자의 신원을 확인하고 검증하여야 한다.
   (b) 권고사항 20에 따라 금융정보분석원(FIU)에 의심거래보고(STR)를 한다.

2. 권고사항 21은 금융회사, 임원, 직원이 STR 또는 관련 정보가 FIU에 보고되고 있다는 사실을 누설하는 것을 금지하고 있다. 이러한 상황들에서 금융회사가 고객확인의무(CDD)를 이행하려 할 때 해당 고객이 의도하지 않았으나 정보 누설이 될 위험이 존재한다. 고객이 STR 또는 수사의 가능성이 있다고 인지하는 것은 향후 의심되는 자금세탁 또는 테러자금을 수사하는데 있어 차질을 빚을 수 있다.

3. 따라서 금융회사가 자금세탁 또는 테러자금과 관련된 거래로 의심하는 경우에는 CDD 절차를 수행하는 때에 정보 누설의 위험성을 고려하여야 한다 만약 금융회사가 CDD 절차를 수행하는 것이 고객 또는 잠재적 고객에게 정보 누설이 될 것으로 합리적으로 판단되는 경우에는 동 절차를 중단하고 STR 보고를 하도록 하여야 한다. 금융회사는 CDD를 수행함에 있어 이러한 사항들이 민감할 수 있음을 잘 숙지하도록 하여야 한다.

아직 우리 법규에는 이러한 부분이 반영되어 있지 않으나 향후 법 또는 시행령 개정을 통하여 이를 반영[47]하여야 할 것이다.

3 인수 및 합병시 CDD 적용

금융회사가 타 금융회사를 인수하거나 합병하는 경우에 피인수 금융회사의 기존고객에 대해서 다시 CDD를 모두 이행해야 하는 부담이 발생할 수 있다. 특히 최근 우리나라에서도 대형 은행이 또 다른 대형 은행을 인수하는 사례들이 발생하고 있는데 이 경우 이러한 이슈들은 상당한 부담으로 다가올 수 있다.

FATF는 이러한 경우에 대하여 별도의 언급을 하지 않고 있으며, 이는 기본적으로 인수한 금융회사의 정책에 맞게 피인수 금융회사의 모든 고객에 대해 다시 CDD를 수행하도록 요구하는 것으로 해석할 수도 있다. 그러나 이러한 과도한 부담을 경감하고 합리적으로 자금세탁방지 목적을 달성할 수 없는지에 대한 논의 과정에서 영국의 자금세탁방지규정인 JMLSG에 인수·합병과 관련한 합리적인 조항이 있어 이를 우리 가이드라인 및 업무규정에 반영하게 되었다.

따라서 동 조항은 자금세탁방지제도의 충실한 이행을 방해하지 않는 범위 내에서 금융회사의 편의를 제고하기 위한 규정이며, 참고한 영국 JMLSG의 기준은 아래와 같다.

(JMLSG)

5.3.19 금융회사가 타 금융회사의 사업부문과 고객 전체 또는 일부를 인수하는

---

[47] 이와 관련하여 이미 수행된 스페인 및 노르웨이에 대한 상호평가에서도 관련 규정이 불비하다는 지적을 받은 바 있다.

경우 다음 기준이 충족된다면 기존 고객의 신원을 다시 검증할 필요는 없으나, 인수 금융회사는 샘플링 테스트를 통해 피인수 금융회사가 기존의 권고사항을 준수하여 고객확인절차를 적절하게 이행해 왔는지 확인하여야 한다.
- 모든 고객 관련 기록이 사업과 함께 인수되고,
- 피인수 금융회사가 고객의 신원확인·검증에 대하여 보증하는 경우

5.3.20 샘플링 테스트 결과 피인수 금융회사가 수행한 고객확인 조치가 기준에 미치지 못하거나 확인이 불가능하거나 또는 인수 금융회사가 고객의 기록에 접근할 수 없는 경우에는, 검증이 미비한 모든 고객에 대해 인수 금융회사의 위험기반 접근법에 따라 신속하게 고객이 거래관계 수립시 적용받는 수준의 고객확인의무를 이행하여야 한다.

이에 따라 우리 업무규정에는 다음과 같이 반영되었다.

(업무규정)

제26조(인수 및 합병) 금융회사 등은 인수·합병 등을 통해 새롭게 고객이 된 자에 대해서도 고객확인을 하여야 한다. 다만, 다음 각 호를 모두 충족하는 경우에는 이를 생략할 수 있다.
1. 고객확인 관련 기록을 입수하고 피인수회사로부터 법 제5조의2에 의한 고객확인 이행을 보증받은 경우
2. 제1호의 고객확인 관련 자료에 대한 표본추출 점검 등을 통해 적정하다고 판단되는 경우

따라서 인수 금융회사가 감독당국에 피인수 금융회사의 CDD를 인정받기 위해서는 먼저 CDD 의무 수행에 대한 문서적 보증을 받고 적절한 표본추출 점검(샘플링 테스트)이 이루어져야 한다. 만약 샘플링 테스트의 결과가 미흡한 것으로 평가되는 경우에는 인수 금융회사는 피인수 금융회사의 모든

기존고객에 대해 가능한 빠른 시기에 업무규정 제25조에 따라 CDD를 재이행하여야 할 것이다.

4 고객공지 의무

앞서의 '인수·합병시 CDD 적용'과 마찬가지로 FATF는 CDD 이행시 '고객공지 의무'에 대한 별도의 언급을 하지 않고 있으나, 금융 소비자의 권익보호 및 CDD 제도의 원활한 이행을 위한 고객의 협조 등을 구하기 위해 미국 BSA의 기준을 참고하여 우리 업무규정에 이를 반영하였다.

(미국 BSA)

CDD 프로그램은 은행이 고객의 신원확인을 위한 정보가 필요하다는 것을 고객에게 알릴 수 있는 적절한 공지 절차가 있어야 한다. 공지의 내용에는 은행이 일반적으로 고객신원확인을 위해 어떠한 정보가 필요한지에 대해 설명되어야 하며, 고객이 이러한 내용을 확인할 수 있도록 적절한 방법으로 공지되어야 한다. 고객이 거래관계를 수립하기 전에 공지 내용을 확인할 수 있도록 하여야 하며, 이를 위해 은행의 로비에 공지 사항을 부착해 두거나, 웹사이트를 통해 알리거나 거래신청서에 기재하여 고객이 볼 수 있도록 하는 방법 등이 있다.

(업무규정)

제36조(고객공지의무) ① 금융회사 등은 고객에게 고객확인을 위해 필요한 문서와 자료 등을 공지하여야 한다.

② 금융회사 등이 제1항에 따라 공지하는 때에는 다음 각 호의 내용이 포함되도록 하여야 한다.

1. 고객확인의 법적 근거
2. 고객확인에 필요한 정보, 문서, 자료 등

3. 고객이 정보 등의 제출을 거부하거나, 검증이 불가능한 경우에 금융회사 등
   이 취하는 조치 등

우리 업무규정에서는 공지의 방법은 별도로 정하지 않음으로써 금융회사
는 상기의 다양한 방법을 통해 고객에게 이를 공지할 수 있다.

5 본인 확인·금융실명 확인과의 비교

저자가 많은 분들로부터 상담받는 가장 대표적인 것 중의 하나가 바로
"공인인증서 및 본인 휴대폰 확인 등을 통해 고객확인이 이미 완료되었고..."
로 시작하는 질문들이다.

그러나 이는 고객확인에 대한 개념을 명확히 인식하지 못하여 본인 확
인, 금융실명 확인, 고객신원 확인(CI), 고객확인(CDD)이 모두 혼용되어 사
용되기 때문으로 보인다.

따라서 최근 저자가 민간 전문가 작업반이나 설명회, 대학·금융협회 연
수원 강의 등을 통해 이에 대해 자주 언급한 바 있기에 본서에서 이에 대한
개념을 다시 한번 정리하고자 한다.

일단 위에서 언급한 용어의 개념은 본인 확인 < 금융실명 확인 < 고객
신원 확인(CI) < 고객확인(CDD)의 순으로 확대된다고 이해하는 것이 가장
쉽게 이해하는 방법으로 보인다. 이와 관련하여 다음의 표를 참고하는 것이
도움이 될 것이다.

▍본인 확인, 금융실명확인과 고객확인 비교(개인 기준)

구 분	본인확인	금융실명확인	고객확인제도(CDD)		
법적 근거	–	금융실명법	특정금융거래보고법		
소분류	본인확인	금융실명확인	고객신원확인(CI)	EDD	Due Diligence
확인 사항	OTP, 공인인증서, SMS인증, 연락처 (휴대폰) 확인 등	성명 + 주민등록 번호	금융실명확인+주소, 연락처 * '16년 실제 소유자 추가	고객신원 확인(CI) + 거래목적, 자금원천 등	기존고객 확인, 재이행 주기, 모니터링
목적	금융거래자 본인 여부 를 확인	거래인의 주민등 록번호 실제 존재 여부 및 신분증 상 인물과 동일인 여부 확인	고객의 실제 존재 여부, 주소·연락처 및 실제 소유자 확인 등을 통해 금융거래 이용자 의 정확한 신원을 확인	자금세탁 위험평가를 통해 고위험고객 에 대한 주의를 강화	금융회사가 고객신원 확인(CI) 등을 통해 확보하고 있는 정보가 실제 거래와 일관성이 있는지 검토
의의	본인 의사 에 따른 거래인지 확인하는 당사자간 본인검증 방법에 불과	불법 차명거래에 대한 규제 ※ 고객신원확인 간소화 형태의 제도(우리나라 고유 제도)	익명, 가명을 이용 한 불법 목적의 금융거래를 방지 하고, 해당 금융 거래를 통해 최종 적인 수익을 보는 실제 소유자 및 금융거래 대리인 을 확인함으로써 타인을 이용한 자 금세탁 행위도 규제	고객알기 정책을 통해 STR의 효용성을 제고하고 금융회사를 이용한 자금세탁 위험을 통제	1회적 확인 에 그치지 않고, 지속적으로 금융거래의 일관성을 검토

따라서 본인 확인을 이행했다고 하여 고객의 자금세탁 위험을 파악하고 위험도에 따른 관리·경감 체계 및 지속적 모니터링을 실시할 뿐만 아니라 대리인·실제 소유자 확인 등 타인을 이용한 자금세탁 위험까지 파악하도록 하고 있는 고객확인을 이행했다고 얘기하는 것은 어불성설이 될 것이다.

한편 본서 제1장에서 언급한 바와 같이 금융실명확인과 고객확인제도는 모두 금융거래의 투명성을 제고하기 위한 제도라는 점에서는 상호 유사하나, 상세히 비교하면 다음과 같은 차이가 있다.

구 분	금융실명확인	고객확인(CDD)	비 고
적용 범위	은행·증권업의 수신 및 환업무	금융실명법상 금융거래 + 선물거래법상 선물거래 + 은행 여신 + 보험·공제 + 여전업 + 카지노 거래 등	특정금융거래보고법상 금융회사의 모든 고객에 대해 CDD
확인 시기	1. 개좌개설시 2. 1백만원 초과 비계좌 거래시	1. 계좌개설시 2. 2천만원 이상의 일회성 금융거래시(7일 합산) 3. 자금세탁의 우려가 있는 경우	
재확인 주기	없음 (금융실명법은 계좌개설시 이행된 실명확인 1회)	위험도에 따라 일정 주기마다(예, 고위험 1년, 저위험 3년 등) 재확인	
대리인 일회성 송금시	1. 100만원 초과 2. 본인 및 대리인 성명·주민등록번호·연락처·본인과의 관계 기재, 대리인 실명확인 후 날인 또는 서명	1. 2천만원 이상 2. 본인과 같은 절차로 대리인의 고객확인 필요	
대리인 일회성 송금시	없음	공문(법인의 대리인 지정 신청서), 위임장, 재직증명서, 사원증, 직장의료	실명법은 대리인의 권한을 확인하지 않는 문제

		보험증, 명함, 전화녹취, 사업장 방문, 창구담당자 확인서명 등을 폭넓게 인정	※ 현재 대리권한 확인은 제도도입 초기인 관계로 폭넓게 인정되지만 향후 공식적 권한 확인(위임장 등)으로 변경할 필요
(법인) 권한 확인			
대리인 일회성 송금시 (개인) 권한 확인	없음	본인 신분증(사본), 위임장, 가족관계 확인서류, 인감증명서, 전화녹취, 창구담당자 확인서명 등을 폭넓게 인정	
확인 생략 가능 거래	* 금융실명법 제3조제2항 * 시행령 제4조 1. 실명이 확인된 계좌에 의한 계속거래 2. 각종 공과금 수납 3. 100만원 이하의 원화 송금(무통장 입금 포함)과 100만원 이하에 상당하는 외국통화의 매입·매각 4. 법 제3조제2항제3호, 시행령 제4조제2항, 제3항에서 정하는 채권 등	* 특정금융거래보고법 시행령 제10조의2제1항 : 금융정보분석원장이 정하여 고시하는 거래 * 감독규정 제21조 1. 실명법 제3조제2항제1호, 시행령 제4조제1항제2호의 각종 공과금 수납 2. 실명법 제3조제2항제3호, 시행령 제4조제2항, 제3항에서 정하는 채권 3. 법원공탁금, 정부·법원 보관금, 송달료의 지출 4. 보험기간의 만료시 보험계약자, 피보험자 또는 보험수익자 대하여 환급금 발생하지 아니하는 보험계약	* FATF 국제기준은 기준금액 이하의 일회성 금융거래를 제외하고는 고객확인의무 면제를 허용하지 않고 있음
CDD 미이행	〈실명확인 가능〉	〈고객확인 불가능〉	2차 검증서류가 없는 경우 주소,

내국인이 여권만 가져온 경우			연락처 검증 불가
외국인투자 등록증만 보유한 법인의 CDD	〈실명확인 가능〉	〈고객확인 불가능〉	외국인투자등록증은 여권번호, 성별, 주소 및 연락처 검증 불가
금융회사간 정보공유	실명법 제4조제1항제5호 및 시행령 제9조(동일 금융기관의 내부 또는 금융기관 상호간의 거래정보 등의 제공)	언급 없음 ※ 국제기준은 동일금융그룹간 AML/CFT 목적의 정보를 공유하도록 요구	* 현재는 실명법 등의 한계로 국제적으로는 일반화된 글로벌 금융그룹 또는 동일 금융그룹의 총괄 보고기관에 AML/CFT 목적으로 정보를 제공하거나 공유하는 것이 사실상 불가능(동일 법인 내에서만 가능한 것으로 해석)
위반시 제재	· 원칙 임직원 신분상 제재, 요건 충족시 기관 제재도 가능 · 500만원 이하 과태료 (금융위)	· 기관에 대한 제재 · 1,000만원 이하 과태료 (금융정보분석원)	* 사실상 하나의 행위로 동시에 위반 가능성 – 두 법 모두 기관 제재시에는 상상적 경합[48] 가능

48) 과태료의 부과·징수는 「질서위반행위규제법」에 따라 처리되며 하나의 행위가 다수의 과태료 부과대상에 해당되는 경우에는 각 과태료 중 가장 중한 과태료를 부과함. 단

그동안 금융실명법 관행에도 불구하고 국제기준 정합성 제고를 위한 부분은 특정금융거래보고법규에 따라 지속적으로 개선하여 왔으며, 향후에도 이러한 정비작업은 계속될 것으로 판단된다.

특히 꼭 금융실명법 관행 때문이라고 단정지을 수는 없으나 계좌 신규개설시에만 금융실명확인을 하고 통장(계좌)에 의한 계속적 거래시 본인 신분증 확인 없이 인감과 비밀번호가 일치하면 본인으로 추정하여 거래를 허용하는 현재의 후진적 금융관행은 제3자에 의한 악용 및 사기 등 각종 범죄에 이용될 가능성이 높으며, 이러한 사실이 FATF측에 노출된다면 우리나라의 CDD 이행수준 자체에 대한 신뢰도를 현저히 저하시킬 것으로 우려된다. 따라서 금융 이용자에 대해 최소한 통장 계좌주와 일치하는지에 대한 금융창구에서의 본인 신분증 확인 절차는 반드시 필요하다고 판단된다.

6 비대면 고객확인

일반적으로 비대면 거래는 고객 신원확인의 어려움, 고객이 금융회사 관할 지역 또는 해당 국가의 밖에 있을 가능성, 거래의 신속성, 전위 사업체나 제3자에 의해 이용될 가능성 등 자금세탁 위험이 매우 높은 거래라 할 것이다.

2012년 FATF 권고에서는 비대면 거래에 대하여 강화된 고객확인에서만 언급하고 있으나, 과거 제3차 라운드 FATF 권고사항에서는 다음과 같은 내용이 명시되어 있었다. 동 권고를 자세히 살펴보면 금융회사가 비대면 거래의 위험을 충분히 관리하도록 요구하고 있으나, 비대면 거래 자체를 전면 금지하고 있는 것은 아니었다.

과태료 부과 대상자가 위반자 개인과 금융회사로 다른 경우에는 경합의 문제가 발생하지 않음.

(3차 라운드 FATF 평가방법론) : 2012.2월 이전

R8.2 금융회사는 비대면 거래와 관련하여 발생할 수 있는 특정 위험에 대처하기 위한 정책 및 절차를 마련하여야 한다. 이러한 절차는 신규 거래관계 수립 시 뿐만 아니라 지속되는 거래관계의 경우에도 적용되어야 한다.

- 비대면 거래의 사례 :
  (a) 인터넷을 비롯하여 우편과 같은 기타 방법을 통해 성립된 거래관계
  (b) 인터넷 또는 상호작용 컴퓨터 서비스를 통해 소매 투자자들이 이용한 서비스 및 거래(증권 포함)
  (c) ATM
  (d) 텔레뱅킹
  (e) 팩스 또는 이와 유사한 수단을 이용한 지침 및 신청 서류의 전송
  (f) 선불카드, 충전카드 또는 계좌연계 가치저장 카드를 이용한 전자식 판매 거래의 일부로서 지불하거나 현금을 출금

R8.2.1 금융회사의 위험관리 조치에는 비대면 고객에 대한 CDD 절차가 포함되어야 한다.

- 확인절차의 사례 :
  (a) 제출된 증명서 확인
  (b) 대면고객에게 요구되는 것과 동등한 추가 문서의 요구
  (c) 고객과의 개별적 연락방법 개발
  (d) 제3자를 활용한 고객확인
  (e) 동등한 CDD 수준을 보유한 타 은행의 고객명의 계좌를 통해 첫 지불이 이루어지도록 의무화

비대면 고객에 대한 위험을 경감시키기 위한 CDD 절차는 바젤 등 타 국제기구 기준이나 미국, 영국 등 선진국 사례에서도 유사하므로 본서에서는 관련 위험에 대한 특색 있는 언급만을 기술하고자 한다.

바젤(BASEL) CDD

2.2.6 비대면 고객

45. 고객들이 은행과 대면 없이 계좌개설을 요구하는 사례가 증가하고 있으며 **비거주자들로부터도 빈번하게 요청을 받아 왔다. 최근 우편, 전화, 전신 및 전자금융의 증가에 따라 비대면 고객의 수가 더욱 크게 증가하고 있다. 비대면 고객에 대해서도 대면에 의한 고객확인절차 및 상시감시 모니터링과 같은 효과적인 기준을 적용**하여야 한다.

46. 비대면 고객의 적형적인 유형은 인터넷 등을 이용한 전자금융 이용자라 할 수 있다. 현재 전자금융은 광범위한 상품 및 서비스를 제공하고 있으며, 신속성·익명성·초국가성이라는 특성상 고객확인이 곤란할 수 있다.

47. 대면 고객과 비대면 고객이 동일한 증빙자료를 제출하지만 비대면 고객의 경우 증빙자료와 고객의 일치 여부를 확인하는데 어려움이 있다. 폰뱅킹 또는 인터넷뱅킹을 이용하는 경우 고객신원확인 문제는 더욱 어려워진다.

48. 비대면 고객과의 거래를 수용하기 위해서는 대면 고객의 경우와 동등한 고객확인절차를 거쳐야 하고, 위험을 감소시킬 구체적이고도 적절한 수단을 강구하여야 한다.

(영국 JMLSG)

5.5.11 비록 인터넷을 통한 거래관계 신청과 해당 거래 자체가 우편을 통한 다른 비대면 영업에 비해 더 큰 위험을 불러 일으키지는 않는다 해도 다른 요소들(시간과 장소에 구애받지 않는 **접근의 편리성**, 추가 비용 없는 다양한 **허위 신청의 가능성**, 실제 문서의 제출이 없는 점, 전자거래의 **신속성** 등)이 복합적으로 이러한 위험들을 증가시킨다.

5.5.17 비대면 고객 신원확인 및 검증은 **위장을 통한 금융사기의 위험을 동반**하며 금융회사는 지침 등을 참고하여 위험을 완화시켜야 한다.

우리나라는 이러한 과거의 FATF 권고사항 및 각국의 법규를 참고하여 비대면 거래와 관련하여 업무규정에 아래와 같이 반영하였다.

(업무규정)

제35조(비대면 거래) ① 금융회사 등은 비대면 거래와 관련된 자금세탁 등의 위험에 대처하기 위한 절차와 방법을 마련하여야 한다.
② 금융회사 등은 비대면에 의해 고객과 새로운 금융거래를 하거나 지속적인 고객확인을 하는 경우에 제1항에 따른 절차와 방법을 적용하여야 한다.

업무규정 제정 당시부터 2015년까지는 금융실명법의 유권해석에 의해 실명법 적용 분야에서는 반드시 대면에 의해 최초 계좌 개설을 하였으므로, 동 규정은 실명확인 미적용 분야 중 전화를 통한 소액보험 가입, 인터넷 보험 가입, 비대면 카드회원 가입, 저축은행의 여신 등에서 주로 적용하여 왔다. 금융정보분석원(FIU)은 이들에게도 최소한의 기준을 제공하기 위하여 공문('12.11.30)을 통해 CDD 이행절차(예시)를 다음과 같이 안내한 바 있다.

▌ 이행절차(예시 : 인터넷 대출의 경우)

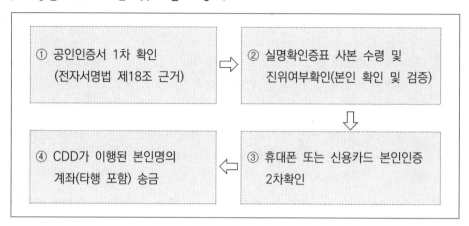

① 공인인증서 1차 확인
(전자서명법 제18조 근거)

② 실명확인증표 사본 수령 및
진위여부확인(본인 확인 및 검증)

④ CDD가 이행된 본인명의
계좌(타행 포함) 송금

③ 휴대폰 또는 신용카드 본인인증
2차확인

최근 들어 저자에게 핀테크(Fintech) 발달로 인한 자금이체 업무와 관련한 AML 의무 적용 문제와 함께 특히 인터넷 전문은행(점포 없는 인터넷은행)의 설립과 관련한 비대면 실명확인 및 고객확인에 대한 문의가 많았다.

비대면 실명확인의 허용은 그동안 유권해석을 통해 대면확인 원칙을 견지해 온 금융실명제뿐만 아니라 그에 기반한 특정금융거래보고법의 CDD 운영 방식에도 영향을 미치게 되었다. 이에 따라 비대면 계좌개설 등 비대면 고객확인과 관련된 각국의 운영사례를 살펴보았다.

(미국)

비대면 계좌개설은 허용하되, 잠재적 고위험군으로 고려하여 금융회사가 CDD와 모니터링을 위한 충분한 정책 및 절차를 마련하도록 의무화

(영국)

비대면 고객확인에 위험기반접근법(RBA)을 적용하여 고위험을 경감하기 위한 조치 중 1개 이상을 취하도록 요구

(일본)

단기 방문자(관광객 등), 비거주자 등을 제외하고 비대면 고객확인을 허용하면서 비대면 방식을 구체적으로 제시

(독일, 체코, 헝가리 등)

원칙적으로 비대면 고객확인을 불허, 다만 제3자(타 금융회사, 공증인)를 통한 비대면 고객확인은 허용

(벨기에, 네덜란드 등)

원칙적으로 비대면 고객확인을 허용하되 다음의 경우는 불허
- 최초 계좌 개설, 대리인에 의한 계좌 개설, 현금사용 거래자, 무기명채권 거래자, 해당 국가에서 상업 및 제조업 활동을 하지 않거나 허용되지 않는 외국법인 등

2015년말 우리나라에서도 비대면 실명확인제도가 전격 도입됨에 따라 비대면 신규계좌개설을 위해서는 비대면 고객확인도 사전에 이행이 되어야 하므로 현재 우리 금융회사들은 비대면 실명확인 절차[49] 외에 인터넷(on-line)상에서 주소, 연락처뿐만 아니라 실제 소유자 여부, 직업 정보, 거래 목적, 자금 원천 정보 등을 위험도에 관계없이 필수로 입력하고 위험평가 결과에 따라 모니터링을 강화하는 방안을 추진(대리인 및 비거주자, 법인 등은 제외) 중이다.

외국의 경우에도 고객확인 및 위험평가 등을 위해 이러한 정보들을 다음과 같이 필수적으로 입력하도록 하고 있다.

---

49) 3중 확인(triple check) 절차를 통해 정확성을 제고(비대면 허용은 실명확인의 또다른 방법일 뿐 실명확인제도 운영의 완화는 아님에 주의)

미국
Charles Schwab : 성명, 주소, 연락처, <u>고용정보, 연간소득 등</u>

일본
Jibun 은행 : 성명, 성별, 생년월일, 주소, 전화번호, <u>직업, 거래목적 등</u>

캐나다
Canadian Direct Financial : 성명, 주소, 전화번호, <u>직업정보, PEPs 여부 등</u>

비대면 고객확인은 아직까지 우리나라에서 본격적으로 시행된 제도가 아니므로 향후 제도 이행 과정에서 발생하는 이슈(예, 비대면 신규고객확인 불허 고객군 선정, 비대면 신규 계좌개설의 경우 모두 고위험으로 관리할 것인지 여부, 입력된 정보에 대한 검증의 방법 등)들이 감독·검사기관과 금융회사들 간에 차츰 정비되고 구체화 될 것으로 예상한다.

아울러 앞으로도 기술의 발전에 따라 여러 다양한 수단·방법을 통하여 국경을 초월한 자금이체가 더욱 활발해지고 편리해질 것이 분명하나, 이에 따른 마약·밀수·사기 등 각종 범죄에의 노출, 자금세탁 위험 등이 증가할 수 있음을 인지하고, 이들 위험을 관리하기 위한 자금세탁 방지제도의 중요성도 반드시 함께 고려하여야 할 것이다.

부 록

1. FATF 권고사항(2012) 및 주석서(원문) : 해당 부분 발췌

INTERNATIONAL STANDARDS
ON COMBATING MONEY LAUNDERING
AND THE FINANCING OF
TERRORISM & PROLIFERATION

The FATF Recommendations

February 2012

CUSTOMER DUE DILIGENCE AND RECORD-KEEPING

10. Customer due diligence*

Financial institutions should be prohibited from keeping anonymous accounts or accounts in obviously fictitious names.

Financial institutions should be required to undertake customer due diligence (CDD) measures when:

(i) establishing business relations;

(ii) carrying out occasional transactions: (i) above the applicable designated threshold (USD/EUR 15,000); or (ii) that are wire transfers in the circumstances covered by the Interpretive Note to Recommendation 16;

(iii) there is a suspicion of money laundering or terrorist financing; or

(iv) the financial institution has doubts about the veracity or adequacy of previously obtained customer identification data.

The principle that financial institutions should conduct CDD should be set out in law. Each country may determine how it imposes specific CDD obligations, either through law or enforceable means.

The CDD measures to be taken are as follows:

(a) Identifying the customer and verifying that customer's identity using reliable, independent source documents, data or information.

(b) Identifying the beneficial owner, and taking reasonable measures to verify the identity of the beneficial owner, such that the financial institution is satisfied that it knows who the beneficial owner is. For legal persons and arrangements this should include financial institutions understanding the ownership and control structure of the customer.

(c) Understanding and, as appropriate, obtaining information on the purpose and intended nature of the business relationship.

(d) Conducting ongoing due diligence on the business relationship and scrutiny of transactions undertaken throughout the course of that relationship to ensure that the transactions being conducted are consistent with the institution's knowledge of the customer their business and risk profile, including, where necessary, the source of funds.

Financial institutions should be required to apply each of the CDD measures under (a) to (d) above, but should determine the extent of such measures using a risk-based approach (RBA) in accordance with the Interpretive Notes to this Recommendation and to Recommendation 1.

Financial institutions should be required to verify the identity of the customer and beneficial owner before or during the course of estab-lishing a business relationship or conducting transactions for occasional customers. Countries may permit financial institutions to complete the verification as soon as reasonably practicable following the establish-ment of the relationship, where the money laundering and terrorist financing risks are effectively managed and where this is essential not to interrupt the normal conduct of business.

Where the financial institution is unable to comply with the applicable requirements under paragraphs (a) to (d) above (subject to appro-priate modification of the extent of the measures on a risk-based approach), it should be required not to open the account, commence business relations or perform the transaction; or should be required to terminate the business relationship; and should consider making a suspicious transactions report in relation to the customer.

These requirements should apply to all new customers, although fi-nancial institutions should also apply this Recommendation to existing customers on the basis of materiality and risk, and should conduct due diligence on such existing relationships at appropriate times.

INTERPRETIVE NOTE TO RECOMMENDATION 10 (CUSTOMER DUE DILIGENCE)

A. CUSTOMER DUE DILIGENCE AND TIPPING-OFF

1. If, during the establishment or course of the customer relationship, or when conducting occasional transactions, a financial institution suspects that trans- actions relate to money laundering or terrorist financing, then the institution should:

    (a) normally seek to identify and verify the identity[1] of the customer and the beneficial owner, whether permanent or occasional, and irrespective of any exemption or any designated threshold that might otherwise apply; and

    (b) make a suspicious transaction report (STR) to the financial intelligence unit (FIU), in accordance with Recommendation 20.

2. Recommendation 21 prohibits financial institutions, their directors, officers and employees from disclosing the fact that an STR or related information is being reported to the FIU. A risk exists that customers could be uninten- tionally tipped off when the financial institution is seeking to perform its customer due diligence (CDD) obligations in these circumstances. The cus- tomer's awareness of a possible STR or investigation could compromise fu- ture efforts to investigate the suspected money laundering or terrorist fi- nancing operation.

3. Therefore, if financial institutions form a suspicion that transactions relate to money laundering or terrorist financing, they should take into account the risk of tipping-off when performing the CDD process. If the institution reasonably believes that performing the CDD process will tip-off the cus- tomer or potential customer, it may choose not to pursue that process, and should file an STR. Institutions should ensure that their employees are aware

---

1) Reliable, independent source documents, data or information will hereafter be referred to as "identification data."

of, and sensitive to, these issues when conducting CDD.

B. CDD – PERSONS ACTING ON BEHALF OF A CUSTOMER

4. When performing elements (a) and (b) of the CDD measures specified under Recommendation 10, financial institutions should also be required to verify that any person purporting to act on behalf of the customer is so authorised, and should identify and verify the identity of that person.

C. CDD FOR LEGAL PERSONS AND ARRANGEMENTS

5. When performing CDD measures in relation to customers that are legal persons or legal arrangements[2], financial institutions should be required to identify and verify the identity of the customer, and understand the nature of its business, and its ownership and control structure. The purpose of the requirements set out in (a) and (b) below, regarding the identification and verification of the customer and the beneficial owner, is twofold: first, to prevent the unlawful use of legal persons and arrangements, by gaining a sufficient understanding of the customer to be able to properly assess the potential money laundering and terrorist financing risks associated with the business relationship; and, second, to take appropriate steps to mitigate the risks. As two aspects of one process, these requirements are likely to in − teract and complement each other naturally. In this context, financial in − stitutions should be required to:

---

2) In these Recommendations references to legal arrangements such as trusts (or other similar arrangements) being the customer of a financial institution or DNFBP or carrying out a transaction, refers to situations where a natural or legal person that is the trustee establishes the business relationship or carries out the transaction on the behalf of the beneficiaries or according to the terms of the trust. The normal CDD requirements for customers that are natural or legal persons would continue to apply, including paragraph 4 of INR.10, but the additional requirements regarding the trust and the beneficial owners of the trust (as defined) would also apply.

(a)   Identify the customer and verify its identity. The type of information that would normally be needed to perform this function would be:

(i)   Name, legal form and proof of existence - verification could be obtained, for example, through a certificate of incorporation, a certificate of good standing, a partnership agreement, a deed of trust, or other documentation from a reliable independent source proving the name, form and current existence of the customer.

(ii) The powers that regulate and bind the legal person or arrange-ment (e.g. the memorandum and articles of association of a company), as well as the names of the relevant persons having a senior management position in the legal person or arrangement (e.g. senior managing directors in a company, trustee(s) of a trust).

(iii) The address of the registered office, and, if different, a principal place of business.

(b)   Identify the beneficial owners of the customer and take reasonable measures[3] to verify the identity of such persons, through the follow-ing information:

(i)   For legal persons[4]:

(i.i) The identity of the natural persons (if any - as ownership interests can be so diversified that there are no natural persons (whether acting alone or together) exercising con-trol of the legal person or arrangement through ownership) who ultimately have a controlling ownership interest[5] in a

---

3) In determining the reasonableness of the identity verification measures, regard should be had to the money laundering and terrorist financing risks posed by the customer and the business relationship.
4) Measures (i.i) to (i.iii) are not alternative options, but are cascading measures, with each to be used where the previous measure has been applied and has not identified a beneficial owner.
5) A controlling ownership interest depends on the ownership structure of the

legal person; and

(i.ii) to the extent that there is doubt under (i.i) as to whether the person(s) with the controlling ownership interest are the beneficial owner(s) or where no natural person exerts control through ownership interests, the identity of the natural persons (if any) exercising control of the legal person or arrangement through other means.

(i.iii) Where no natural person is identified under (i.i) or (i.ii) above, financial institutions should identify and take rea—sonable measures to verify the identity of the relevant natural person who holds the position of senior managing official.

(ii) For legal arrangements:

(ii.i) Trusts – the identity of the settlor, the trustee(s), the pro—tector (if any), the beneficiaries or class of beneficiaries[6], and any other natural person exercising ultimate effective control over the trust (including through a chain of con—trol/ownership);

(ii.ii) Other types of legal arrangements – the identity of persons in equivalentor similar positions.

Where the customer or the owner of the controlling interest is a company listed on a stock exchange and subject to disclosure requirements (either by stock exchange rules or through law or enforceable means) which impose requirements to ensure adequate transparency of beneficial ownership, or is a

---

company. It may be based on a threshold, e.g. any person owning more than a certain percentage of the company (e.g. 25%).

6) For beneficiary(ies) of trusts that are designated by characteristics or by class, financial institutions should obtain sufficient information concerning the beneficiary to satisfy the financial institution that it will be able to establish the identity of the beneficiary at the time of the payout or when the beneficiary intends to exercise vested rights.

majority−owned subsidiary of such a company, it is not necessary to identify and verify the identity of any shareholder or beneficial owner of such companies.

The relevant identification data may be obtained from a public register, from the customer or from other reliable sources.

D. CDD FOR BENEFICIARIES OF LIFE INSURANCE POLICIES

6. For life or other investment−related insurance business, financial institutions should, in addition to the CDD measures required for the customer and the beneficial owner, conduct the following CDD measures on the benefi− ciary(ies) of life insurance and other investment related insurance policies, as soon as the beneficiary(ies) are identified/designated:

   (a) For beneficiary(ies) that are identified as specifically named natural or legal persons or legal arrangements – taking the name of the person;

   (b) For beneficiary(ies) that are designated by characteristics or by class (e.g. spouse or children at the time that the insured event occurs) or by other means (e.g. under a will) – obtaining sufficient information concerning the beneficiary to satisfy the financial institution that it will be able to establish the identity of the beneficiary at the time of the payout.

   The information collected under (a) and/or (b) should be recorded and maintained in accordance with the provisions of Recommendation 11.

7. For both the cases referred to in 6(a) and (b) above, the verification of the identity of the beneficiary(ies) should occur at the time of the payout.

8. The beneficiary of a life insurance policy should be included as a relevant risk factor by the financial institution in determining whether enhanced CDD measures are applicable. If the financial institution determines that a bene− ficiary who is a legal person or a legal arrangement presents a higher risk, then the enhanced CDD measures should include reasonable measures to

identify and verify the identity of the beneficial owner of the beneficiary, at the time of payout.

9. Where a financial institution is unable to comply with paragraphs 6 to 8 above, it should consider making a suspicious transaction report.

E. RELIANCE ON IDENTIFICATION AND VERIFICATION ALREADY PERFORMED

10. The CDD measures set out in Recommendation 10 do not imply that fi−nancial institutions have to repeatedly identify and verify the identity of each customer every time that a customer conducts a transaction. An in−stitution is entitled to rely on the identification and verification steps that it has already undertaken, unless it has doubts about the veracity of that information. Examples of situations that might lead an institution to have such doubts could be where there is a suspicion of money laundering in relation to that customer, or where there is a material change in the way that the customer's account is operated, which is not consistent with the customer's business profile.

F. TIMING OF VERIFICATION

11. Examples of the types of circumstances (in addition to those referred to above for beneficiaries of life insurance policies) where it would be per−missible for verification to be completed after the establishment of the business relationship, because it would be essential not to interrupt the normal conduct of business, include:

■ Non face−to−face business.

■ Securities transactions. In the securities industry, companies and inter−mediaries may be required to perform transactions very rapidly, ac−cording to the market conditions at the time the customer is contacting them, and the performance of the transaction may be required before verification of identity is completed.

12. Financial institutions will also need to adopt risk management procedures with respect to the conditions under which a customer may utilise the business relationship prior to verification. These procedures should include a set of measures, such as a limitation of the number, types and/or amount of transactions that can be performed and the monitoring of large or complex transactions being carried out outside the expected norms for that type of relationship.

G. EXISTING CUSTOMERS

13. Financial institutions should be required to apply CDD measures to existing customers[7] on the basis of materiality and risk, and to conduct due dili-gence on such existin relationships at appropriate times, taking into account whether and when CDD measures have previously been undertaken and the adequacy of data obtained.

H. RISK BASED APPROACH [8]

14. The examples below are not mandatory elements of the FATF Standards, and are included for guidance only. The examples are not intended to be comprehensive, and although they are considered to be helpful indicators, they may not be relevant in all circumstances.

Higher risks

15. There are circumstances where the risk of money laundering or terrorist financing is higher, and enhanced CDD measures have to be taken. When assessing the money laundering and terrorist financing risks relating to types of customers, countries or geographic areas, and particular products,

---

7) Existing customers as at the date that the national requirements are brought into force.
8) The RBA does not apply to the circumstances when CDD should be required but may be used to determine the extent of such measures.

services, transactions or delivery channels, examples of potentially high—
er—risk situations (in addition to those set out in Recommendations 12 to
16) include the following:

(a) Customer risk factors:

■ The business relationship is conducted in unusual circumstances (e.g.
significant unexplained geographic distance between the financial in—
stitution and the customer).

■ Non—resident customers.

■ Legal persons or arrangements that are personal asset—holding vehicles.

■ Companies that have nominee shareholders or shares in bearer form.

■ Business that are cash—intensive.

■ The ownership structure of the company appears unusual or excessively
complex given the nature of the company's business.

(b) Country or geographic risk factors:[9]

■ Countries identified by credible sources, such as mutual evaluation or
detailed assessment reports or published follow—up reports, as not
having adequate AML/CFT systems.

■ Countries subject to sanctions, embargos or similar measures issued by,
for example, the United Nations.

■ Countries identified by credible sources as having significant levels of—
corruption or other criminal activity.

■ Countries or geographic areas identified by credible sources as providing
funding or support for terrorist activities, or that have designated terrorist
organisations operating within their country.

---

9) Under Recommendation 19 it is mandatory for countries to require financial
institutions to apply enhanced due diligence when the FATF calls for such measures
to be introduced.

(c)   Product, service, transaction or delivery channel risk factors:

■ Private banking.

■ Anonymous transactions (which may include cash).

■ Non-face-to-face business relationships or transactions.

■ Payment received from unknown or un-associated third parties.

Lower risks

16.   There are circumstances where the risk of money laundering or terrorist financing may belower. In such circumstances, and provided there has been an adequate analysis of the risk by the country or by the financial institution, it could be reasonable for a country to allow its financial in-stitutions to apply simplified CDD measures.

17.   When assessing the money laundering and terrorist financing risks relating to types of customers, countries or geographic areas, and particular prod-ucts, services, transactions or delivery channels, examples of potentially lower risk situations include the following:

(a)   Customer risk factors:

■ Financial institutions and DNFBPs — where they are subject to re-quirements to combat money laundering and terrorist financing con-sistent with the FATF Recommendations, have effectively implemented those requirements, and are effectively supervised or monitored in ac-cordance with the Recommendations to ensure compliance with those requirements.

■ Public companies listed on a stock exchange and subject to disclosure requirements (either by stock exchange rules or through law or en-forceable means), which impose requirements to ensure adequate transparency of beneficial ownership.

■ Public administrations or enterprises.

(b) Product, service, transaction or delivery channel risk factors:

■ Life insurance policies where the premium is low (e.g. an annual pre−
mium of less than USD/EUR 1,000 or a single premium of less than
USD/EUR 2,500).

■ Insurance policies for pension schemes if there is no early surrender
option and the policy cannot be used as collateral.

■ A pension, superannuation or similar scheme that provides retirement
benefits to employees, where contributions are made by way of de−
duction from wages, and the scheme rules do not permit the assign−
ment of amember's interest under the scheme.

■ Financial products or services that provide appropriately defined and−
limited services to certain types of customers, so as to increase access
for financial inclusion purposes.

(c) Country risk factors:

■ Countries identified by credible sources, such as mutual evaluation or−
detailed assessment reports, as having effective AML/CFT systems.

■ Countries identified by credible sources as having a low level of cor−
ruptionor other criminal activity.

In making a risk assessment, countries or financial institutions could, when
appropriate, also take into account possible variations in money laundering and
terrorist financing risk between different regions or areas within a country.

18. Having a lower money laundering and terrorist financing risk for identi−
fication and verification purposes does not automatically mean that the
same customer is lower risk for all types of CDD measures, in particular
for ongoing monitoring of transactions.

Risk variables

19. When assessing the money laundering and terrorist financing risks relating

to types of customers, countries or geographic areas, and particular prod—ucts, services, transactions or delivery channels risk, a financial institution should take into account risk variables relating to those risk categories. These variables, either singly or in combination, may increase or decrease the potential risk posed, thus impacting the appropriate level of CDD measures. Examples of such variables include:

- The purpose of an account or relationship.

- The level of assets to be deposited by a customer or the size of transactions undertaken.

- The regularity or duration of the business relationship.

Enhanced CDD measures

20. Financial institutions should examine, as far as reasonably possible, the background and purpose of all complex, unusual large transactions, and all unusual patterns of transactions, which have no apparent economic or lawful purpose. Where the risks of money laundering or terrorist financing are higher, financial institutions should be required to conduct enhanced CDD measures, consistent with the risks identified. In particular, they should increase the degree and nature of monitoring of the business re—lationship, in order to determine whether those transactions or activities appear unusual or suspicious. Examples of enhanced CDD measures that could be applied for higher—risk business relationships include:

- Obtaining additional information on the customer (e.g. occupation, volume of assets, information available through public databases, in—ternet, etc.), and updating more regularly the identification data of customer and beneficial owner.

- Obtaining additional information on the intended nature of the business relationship.

- Obtaining information on the source of funds or source of wealth of the customer.

- Obtaining information on the reasons for intended or performed transactions.

- Obtaining the approval of senior management to commence or con－tinue the business relationship.

- Conducting enhanced monitoring of the business relationship, by in－creasing the number and timing of controls applied, and selecting patterns of transactions that need further examination.

- Requiring the first payment to be carried out through an account in the customer's name with a bank subject to similar CDD standards.

Simplified CDD measures

21. Where the risks of money laundering or terrorist financing are lower, fi－nancial institutions could be allowed to conduct simplified CDD measures, which should take into account the nature of the lower risk. The sim－plified measures should be commensurate with the lower risk factors (e.g. the simplified measures could relate only to customer acceptance measures or to aspects of ongoing monitoring). Examples of possible measures are:

- Verifying the identity of the customer and the beneficial owner after the establishment of the business relationship (e.g. if account trans－actions rise above a defined monetary threshold).

- Reducing the frequency of customer identification updates.

- Reducin the degree of on－going monitoring and scrutinising trans－actions, based on a reasonable monetary threshold.

- Not collecting specific information or carrying out specific measures to understand the purpose and intended nature of the business relation－ship, but inferring the purpose and nature from the type of trans－actions or business relationship established.

Simplified CDD measures are not acceptable whenever there is a suspicion of money laundering or terrorist financing, or where specific higher－risk scenarios apply.

Thresholds

22. The designated threshold for occasional transactions under Recommendation 10 is USD/EUR 15,000. Financial transactions above the designated threshold include situations where the transaction is carried out in a single operation or in several operations that appear to be linked.

Ongoing due diligence

23. Financial institutions should be required to ensure that documents, data or information collected under the CDD process is kept up—to—date and relevant by undertaking reviews of existing records, particularly for high—er—risk categories of customers.

RECOMMENDATION 10 CUSTOMER DUE DILIGENCE[10]) (CDD)

10.1 Financial institutions should be prohibited from keeping anonymous ac—counts or accountsin obviously fictitious names.

When CDD is required

10.2 Financial institutions should be required to undertake CDD measures when:

(a) establishing business relations;

(b) carrying out occasional transactions above the applicable designated threshold(USD/EUR 15000), including situations where the transaction is carried out in a single operation or in several operations that ap—pear to be linked;

---

10) The principle that financial institutions conduct CDD should be set out in law, though specific requirements may be set out in enforceable means.

(c) carrying out occasional transactions that are wire transfers in the circumstances covered by Recommendation 16 and its Interpretive Note;

(d) there is a suspicion of ML/TF, regardless of any exemptions or thresholds that are referred to elsewhere under the FATF Recommendations; or

(e) the financial institution has doubts about the veracity or adequacy of previously obtained customer identification data.

Required CDD measures for all customers

10.3 Financial institutions should be required to identify the customer (whether permanent or occasional, and whether natural or legal person or legal arrangement) and verify that customer's identity using reliable, independent source documents, data or information(identification data).

10.4 Financial institutions should be required to verify that any person pur — porting to act on behalf of the customer is so authorised, and identify and verify the identity of that person.

10.5 Financial institutions should be required to identify the beneficial owner and take reasonable measures to verify the identity of the beneficial owner, using the relevant information or data obtained from a reliable source, such that the financial institution is satisfied that it knows who the beneficial owner is.

10.6 Financial institutions should be required to understand and, as appropriate, obtain information on, the purpose and intended nature of the business relationship.

10.7 Financial institutions should be required to conduct ongoing due diligence on the business relationship, including:

(a) scrutinising transactions undertaken throughout the course of that re — lationship to ensure that the transactions being conducted are con — sistent with the financial institution's knowledge of the customer, their business and risk profile, including where necessary, the source of funds; and

(b) ensuring that documents, data or information collected under the CDD process is kept up-to-date and relevant, by undertaking reviews of existing records, particularly for higher risk categories of customers.

Specific CDD measures required for legal persons and legal arrangements

10.8 For customers that are legal persons or legal arrangements, the financial institution should be required to understand the nature of the customer's business and its ownership and control structure.

10.9 For customers that are legal persons or legal arrangements, the financial institution should be required to identify the customer and verify its identity through the following information:

(a) name, legal form and proof of existence;

(b) the powers that regulate and bind the legal person or arrangement, as well as the names of the relevant persons having a senior manage-ment position in the legal person or arrangement; and

(c) the address of the registered office and, if different, a principal place of business.

10.10 For customers that are legal persons[11], the financial institution should be required to identify and take reasonable measures to verify the identity of beneficial owners through the following information:

---

11) Where the customer or the owner of the controlling interest is a company listed on a stock exchange and subject to disclosure requirements (either by stock exchange rules or through law or enforceable means) which impose requirements to ensure adequate transparency of beneficial ownership, or is amajority-owned subsidiary of such a company, it is not necessary to identify and verify the identity of any shareholder or beneficial owner of such companies. The relevant identification data may be obtained from a public register, from the customer or from other reliable sources.

(a)   the identity of the natural person(s) (if any[12]) who ultimately has a controlling ownership interest[13] in a legal person; and

(b)   to the extent that there is doubt under (a) as to whether the per−son(s) with the controlling ownership interest is the beneficial own−er(s) or where no natural person exerts control through ownership interests, the identity of the natural person(s) (if any) exercising control of the legal person or arrangement throughother means; and

(c)   where no natural person is identified under (a) or (b) above, the identity of the relevant natural person who holds the position of se−nior managing official.

10.11   For customers that are legal arrangements, the financial institution should be required to identify and take reasonable measures to verify the iden−tity of beneficial owners through the following information:

(a)   for trusts, the identity of the settlor, the trustee(s), the protector (if any), the beneficiaries or class of beneficiaries[14], and any other nat−ural person exercising ultimate effective control over the trust (including through a chain of control/ownership);

(b)   for other types of legal arrangements, the identity of persons in equivalent orsimilar positions.

---

12) Ownership interests can be so diversified that there are no natural persons (whether acting alone or together) exercising control of the legal person or arrangement through ownership.

13) A controlling ownership interest depends on the ownership structure of the company. It may be based on a threshold, e.g. any person owning more than a certain percentage of the company (e.g. 25%).

14) For beneficiaries of trusts that are designated by characteristics or by class, financial institutions should obtain sufficient information concerning the beneficiary to satisfy the financial institution that it will be able to establish the identity of the beneficiary at the time of the payout or when the beneficiary intends to exercise vested rights.

CDD for Beneficiaries of Life Insurance Policies

10.12 In addition to the CDD measures required for the customer and the beneficial owner, financial institutions should be required to conduct the following CDD measures on the beneficiary of life insurance and other investment related insurance policies, as soon as the beneficiary is identified or designated:

    (a) for a beneficiary that is identified as specifically named natural or legal persons or legal arrangements — taking the name of the person;

    (b) for a beneficiary that is designated by characteristics or by class or by other means — obtaining sufficient information concerning the beneficiary to satisfy the financial institution that it will be able to establish the identity of the beneficiary at the time of the payout;

    (c) for both the above cases — the verification of the identity of the beneficiary should occur at the time of the payout.

10.13 Financial institutions should be required to include the beneficiary of a life insurance policy as a relevant risk factor in determining whether enhanced CDD measures are applicable. If the financial institution determines that a beneficiary who is a legal person or a legal arrangement presents a higher risk, it should be required to take enhanced measures which should include reasonable measures to identify and verify the identity of the beneficial owner of the beneficiary, at the time of payout.

Timing of verification

10.14 Financial institutions should be required to verify the identity of the customer and beneficial owner before or during the course of establishing a business relationship or conducting transactions for occasional customers; or (if permitted) may complete verification after the establishment of the business relationship, provided that:

    (a) this occurs as soon as reasonably practicable;

    (b) this is essential not to interrupt the normal conduct of business; and

(c) the ML/TF risks are effectively managed.

10.15   Financial institutions should be required to adopt risk management pro−cedures concerning the conditions under which a customer may utilise the business relationship prior to verification.

Existing customers

10.16   Financial institutions should be required to apply CDD requirements to existing customers[15] on the basis of materiality and risk, and to conduct due diligence on such existing relationships at appropriate times, taking into account whether and when CDD measures have previously been undertaken and the adequacy of data obtained.

Risk−Based Approach

10.17   Financial institutions should be required to perform enhanced due dili−gence where the ML/TF risks are higher.

10.18   Financial institutions may only be permitted to apply simplified CDD measures where lower risks have been identified, through an adequate analysis of risks by the country or the financial institution. The simplified measures should be commensurate with the lower risk factors, but are not acceptable whenever there is suspicion of ML/TF, or specific higher risk scenarios apply.

Failure to satisfactorily complete CDD

10.19   Where a financial institution is unable to comply with relevant CDD measures:

(a)   it should be required not to open the account, commence business relations or perform the transaction; or should be required to termi−nate the business relationship; and

---

15) Existing customers as at the date that the new national requirements are brought into force.

(b)　it should be required to consider making a suspicious transaction re-port (STR) in relation to the customer.

CDD and tipping-off

10.20　In cases where financial institutions form a suspicion of money launder-ing or terrorist financing, and they reasonably believe that performing the CDD process will tip-off the customer, they should be permitted not to pursue the CDD process, and instead should be required to file an STR.

부 록

2. 바젤위원회 CDD 보고서(원문)

Basel Committee
on Banking Supervision

**Customer due diligence
for banks**

October 2001

 BANK FOR INTERNATIONAL SETTLEMENTS

Table of Contents

Customer due diligence for banks

I.   Introduction

1.   Supervisors around the world are increasingly recognising the im-
portance of ensuring that their banks have adequate controls and pro-
cedures in place so that they know the customers with whom they are
dealing. Adequate due diligence on new and existing customers is a key
part of these controls. Without this due diligence, banks can become
subject to reputational, operational, legal and concentration risks, which
can result in significant financial cost.

2.   In reviewing the findings of an internal survey of cross-border
banking in 1999, the Basel Committee identified deficiencies in a large
number of countries' know-your-customer(KYC) policies for banks.
Judged from a supervisory perspective, KYC policies in some countries
have significant gaps and in others they are non-existent. Even among
countries with well-developed financial markets, the extent of KYC ro-
bustness varies. Consequently, the Basel Committee asked the Working
Group on Cross-border Banking[1] to examine the KYC procedures cur-
rently in place and to draw up recommended standards applicable to
banks in all countries. The resulting paper was issued as a consultative
document in January 2001. Following a review of the comments received,
the Working Group has revised the paper and the Basel Committee is
now distributing it worldwide in the expectation that the KYC framework
presented here will become the benchmark for supervisors to establish
national practices and for banks to design their own programmes. It is
important to acknowledge that supervisory practices of some juris-
dictions already meet or exceed the objective of this paper and, as a re-
sult, they may not need to implement any changes.

3.   KYC is most closely associated with the fight against money-laun-
dering, which is essentially the province of the Financial Action Task

---

1) This is a joint group consisting of members of the Basel Committee and of the Offshore Group
of Banking Supervisors.

Force (FATF).[2] It is not the Committee's intention to duplicate the efforts of the FATF. Instead, the Committee's interest is from a wider prudential perspective. Sound KYC policies and procedures are critical in protecting the safety and soundness of banks and the integrity of banking systems. The Basel Committee and the Offshore Group of Banking Supervisors (OGBS) continue to support strongly the adoption and implementation of the FATF recommendations, particularly those relating to banks, and intend the standards in this paper to be consistent with the FATF recommendations. The Committee and the OGBS will also consider the adoption of any higher standards introduced by the FATF as a result of its current review of the 40 Recommendations. Consequently, the Working Group has been and will remain in close contact with the FATF as it develops its thoughts.

4.   The Basel Committee's approach to KYC is from a wider prudential, not just antimoney laundering, perspective. Sound KYC procedures must be seen as a critical element in the effective management of banking risks. KYC safeguards go beyond simple account opening and record-keeping and require banks to formulate a customer acceptance policy and a tiered customer identification programme that involves more extensive due diligence for higher risk accounts, and includes proactive account monitoring for suspicious activities.

5.   The Basel Committee's interest in sound KYC standards originates from its concerns for market integrity and has been heightened by the direct and indirect losses incurred by banks due to their lack of diligence in applying appropriate procedures. These losses could probably have been avoided and damage to the banks' reputation significantly diminished had the banks maintained effective KYC programmes.

6.   This paper reinforces the principles established in earlier Committee papers by providing more precise guidance on the essential elements of KYC standards and their implementation. In developing this guidance,

---

2) The FATF is an inter-governmental body which develops and promotes policies, both nationally and internationally, to combat money laundering. It has 29 member countries and two regional organisations. It works in close cooperation with other international bodies involved in this area such as the United Nations Office for Drug Control and Crime Prevention, the Council of Europe, the Asia-Pacific Group on Money Laundering and the Caribbean Financial Action Task Force. The FATF defines money laundering as the processing of criminal proceeds in order to disguise their illegal origin.

the Working Group has drawn on practices in member countries and taken into account evolving supervisory developments. The essential elements presented in this paper are guidance as to minimum standards for worldwide implementation for all banks. These standards may need to be supplemented and/or strengthened, by additional measures tailored to the risks of particular institutions and risks in the banking system of individual countries. For example, enhanced diligence is required in the case of higher-risk accounts or for banks that specifically aim to attract high net-worth customers. In a number of specific sections in this paper, there are recommendations for higher standards of due diligence for higher risk areas within a bank, where applicable.

7.   The need for rigorous customer due diligence standards is not restricted to banks. The Basel Committee believes similar guidance needs to be developed for all non-bank financial institutions and professional intermediaries of financial services such as lawyers and accountants.

II.   Importance of KYC standards for supervisors and banks

8.   The FATF and other international groupings have worked intensively on KYC issues, and the FATF's 40 Recommendations on combating money-laundering[3] have international recognition and application. It is not the intention of this paper to duplicate that work.

9.   At the same time, sound KYC procedures have particular relevance to the safety and soundness of banks, in that:

- they help to protect banks' reputation and the integrity of banking systems by reducing the likelihood of banks becoming a vehicle for or a victim of financial crime and suffering consequential reputational damage;

- they constitute an essential part of sound risk management (e.g. by providing the basis for identifying, limiting and controlling risk expo sures in assets and liabilities, including assets under management).

10.   The inadequacy or absence of KYC standards can subject banks to

---

3) See FATF recommendations 10 to 19 which are reproduced in Annex 2.

serious customer and counterparty risks, especially *reputational, operational, legal and concentration risks.* It is worth noting that all these risks are interrelated. However, any one of them can result in significant financial cost to banks (e.g. through the withdrawal of funds by depositors, the termination of inter-bank facilities, claims against the bank, investigation costs, asset seizures and freezes, and loan losses), as well as the need to divert considerable management time and energy to resolving problems that arise.

11. *Reputational risk* poses a major threat to banks, since the nature of their business requires maintaining the confidence of depositors, creditors and the general marketplace. Reputational risk is defined as the potential that adverse publicity regarding a bank's business practices and associations, whether accurate or not, will cause a loss of confidence in the integrity of the institution. Banks are especially vulnerable to reputational risk because they can so easily become a vehicle for or a victim of illegal activities perpetrated by their customers. They need to protect themselves by means of continuous vigilance through an effective KYC programme. Assets under management, or held on a fiduciary basis, can pose particular reputational dangers.

12. *Operational risk* can be defined as the risk of direct or indirect loss resulting from inadequate or failed internal processes, people and systems or from external events. Most operational risk in the KYC context relates to weaknesses in the implementation of banks' programmes, ineffective control procedures and failure to practise due diligence. A public perception that a bank is not able to manage its operational risk effectively can disrupt or adversely affect the business of the bank.

13. *Legal risk* is the possibility that lawsuits, adverse judgements or contracts that turn out to be unenforceable can disrupt or adversely affect the operations or condition of a bank. Banks may become subject to lawsuits resulting from the failure to observe mandatory KYC standards or from the failure to practise due diligence. Consequently, banks can, for example, suffer fines, criminal liabilities and special penalties imposed by supervisors. Indeed, a court case involving a bank may have far greater cost implications for its business than just the legal costs. Banks will be unable to protect themselves effectively from such legal risks if they do not engage in due diligence in identifying their customers

and understanding their business.

14.   Supervisory concern about *concentration risk* mostly applies on the assets side of the balance sheet. As a common practice, supervisors not only require banks to have information systems to identify credit concentrations but most also set prudential limits to restrict banks' exposures to single borrowers or groups of related borrowers. Without knowing precisely who the customers are, and their relationship with other customers, it will not be possible for a bank to measure its concentration risk. This is particularly relevant in the context of related counterparties and connected lending.

15.   On the liabilities side, concentration risk is closely associated with funding risk, particularly the risk of early and sudden withdrawal of fund s by large depositors, with potentially damaging consequences for the b ank's liquidity. Funding risk is more likely to be higher in the case of sm all banks and those that are less active in the wholesale markets than lar ge banks. Analysing deposit concentrations requires banks to understan d the characteristics of their depositors, including not only their identitie s but also the extent to which their actions may be linked with those of ot her depositors. It is essential that liabilities managers in small banks not only know but maintain a close relationship with large depositors, or they will run the risk of losing their funds at critical times.

16.   Customers frequently have multiple accounts with the same bank, but in offices located in different countries. To effectively manage the reputational, compliance and legal risk arising from such accounts, banks should be able to aggregate and monitor significant balances and activity in these accounts on a fully consolidated worldwide basis, regardless of whether the accounts are held on balance sheet, off balance sheet, as assets under management, or on a fiduciary basis.

17.   Both the Basel Committee and the Offshore Group of Banking Supervisors are fully convinced that effective KYC practices should be part of the risk management and internal control systems in all banks worldwide. National supervisors are responsible for ensuring that banks have minimum standards and internal controls that allow them to adequately know their customers. Voluntary codes of conduct[4] issued by industry organisations or associations can be of considerable value in

underpinning regulatory guidance, by giving practical advice to banks on operational matters. However, such codes cannot be regarded as a substitute for formal regulatory guidance.

III.　Essential elements of KYC standards

18.　The Basel Committee's guidance on KYC has been contained in the following three papers and they reflect the evolution of the supervisory thinking over time. *The Prevention of Criminal Use of the Banking System for the Purpose of Money-Laundering* issued in 1988 stipulates the basic ethical principles and encourages banks to put in place effective procedures to identify customers, decline suspicious transactions and cooperate with law enforcement agencies. The 1997 *Core Principles for Effective Banking Supervision* states, in a broader discussion of internal controls, that banks should have adequate policies, practices and procedures in place, including strict "know-your-customer" rules; specifically, supervisors should encourage the adoption of the relevant recommendations of the FATF. These relate to customer identification and record-keeping, increased diligence by financial institutions in detecting and reporting suspicious transactions, and measures to deal with countries with inadequate anti-money laundering measures. The 1999 *Core Principles Methodology* further elaborates the Core Principles by listing a number of essential and additional criteria. (Annex 1 sets out the relevant extracts from the *Core Principles and the Methodology*.)

19.　All banks should be required to "have in place adequate policies, practices and procedures that promote high ethical and professional standards and prevent the bank from being used, intentionally or unintentionally, by criminal elements".[5] Certain key elements should be included by banks in the design of KYC programmes. Such essential elements should start from the banks' risk management and control procedures and should include (1) customer acceptance policy, (2) customer identification, (3) on-going monitoring of high risk accounts and (4) risk

---

4) An example of an industry code is the "Global anti-money-laundering guidelines for Private Banking"(also called the Wolfsberg Principles) that was drawn up in October 2000 by twelve major banks with significant involvement in private banking.
5) *Core Principles Methodology*, Essential Criterion 1.

management. Banks should not only establish the identity of their customers, but should also monitor account activity to determine those transactions that do not conform with the normal or expected transactions for that customer or type of account. KYC should be a core feature of banks' risk management and control procedures, and be complemented by regular compliance reviews and internal audit. The intensity of KYC programmes beyond these essential elements should be tailored to the degree of risk.

1. Customer acceptance policy

20. Banks should develop clear customer acceptance policies and procedures, including a description of the types of customer that are likely to pose a higher than average risk to a bank. In preparing such policies, factors such as customers' background, country of origin, public or high profile position, linked accounts, business activities or other risk indicators should be considered. Banks should develop graduated customer acceptance policies and procedures that require more extensive due diligence for higher risk customers. For example, the policies may require the most basic account-opening requirements for a working individual with a small account balance. It is important that the customer acceptance policy is not so restrictive that it results in a denial of access by the general public to banking services, especially for people who are financially or socially disadvantaged. On the other hand, quite extensive due diligence would be essential for an individual with a high net worth whose source of funds is unclear. Decisions to enter into business relationships with higher risk customers, such as politically exposed persons (see section 2.2.3 below), should be taken exclusively at senior management level.

2. Customer identification

21. Customer identification is an essential element of KYC standards. For the purposes of this paper, a customer includes:

- the person or entity that maintains an account with the bank or those on whose behalf an account is maintained (i.e. beneficial owners);

- the beneficiaries of transactions conducted by professional inter-mediaries; and

- any person or entity connected with a financial transaction who can pose a significant reputational or other risk to the bank.

22. Banks should establish a systematic procedure for identifying new customers and should not establish a banking relationship until the identity of a new customer is satisfactorily verified.

23. Banks should "document and enforce policies for identification of customers and those acting on their behalf".[6] The best documents for verifying the identity of customers are those most difficult to obtain illic-itly and to counterfeit. Special attention should be exercised in the case of non-resident customers and in no case should a bank short-circuit identity procedures just because the new customer is unable to present himself for interview. The bank should always ask itself why the custom-er has chosen to open an account in a foreign jurisdiction.

24. The customer identification process applies naturally at the outset of the relationship. To ensure that records remain up-to-date and relevant, there is a need for banks to undertake regular reviews of existing records.[7] An appropriate time to do so is when a transaction of sig-nificance takes place, when customer documentation standards change-substantially, or when there is a material change in the way that the ac-count is operated. However, if a bank becomes aware at any time that it lacks sufficient information about an existing customer, it should take-steps to ensure that all relevant information is obtained as quickly as possible.

25. Banks that offer private banking services are particularly exposed to reputational risk, and should therefore apply enhanced due diligence to such operations. Private banking accounts, which by nature involve a large measure of confidentiality, can be opened in the name of an in-

---

6) *Core Principles Methodology*, Essential Criterion 2.
7) The application of new KYC standards to existing accounts is currently subject to FATF review.

dividual, a commercial business, a trust, an intermediary or a personal-
ised investment company. In each case reputational risk may arise if the
bank does not diligently follow established KYC procedures. All new cli-
ents and new accounts should be approved by at least one person, of
appropriate seniority, other than the private banking relationship
manager. If particular safeguards are put in place internally to protect
confidentiality of private banking customers and their business, banks
must still ensure that at least equivalent scrutiny and monitoring of these
customers and their business can be conducted, e.g. they must be open
to review by compliance officers and auditors.

26. Banks should develop "clear standards on what records must be
kept on customer identification and individual transactions and their re-
tention period".[8] Such a practice is essential to permit a bank to monitor
its relationship with the customer, to understand the customer's on-go-
ing business and, if necessary, to provide evidence in the event of dis-
putes, legal action, or a financial investigation that could lead to criminal
prosecution. As the starting point and natural follow-up of the identi-
fication process, banks should obtain customer identification papers and
retain copies of them for at least five years after an account is closed.
They should also retain all financial transaction records for at least five
years after the transaction has taken place.

2.1 General identification requirements

27. Banks need to obtain all information necessary to establish to their
full satisfaction the identity of each new customer and the purpose and
intended nature of the business relationship. The extent and nature of
the information depends on the type of applicant(personal, corporate,
etc.) and the expected size of the account. National supervisors are en-
couraged to provide guidance to assist banks in designing their own
identification procedures. The Working Group intends to develop essen-
tial elements of customer identification requirements.

28. When an account has been opened, but problems of verification
arise in the banking relationship which cannot be resolved, the bank

---

8) *Core Principles Methodology*, Essential Criterion 2.

should close the account and return the monies to the source from which they were received.9)

29. While the transfer of an opening balance from an account in the customer's name in another bank subject to the same KYC standard may provide some comfort, banks should nevertheless consider the possibility that the previous account manager may have asked for the account to be removed because of a concern about dubious activities. Naturally, customers have the right to move their business from one bank to another. However, if a bank has any reason to believe that an applicant is being refused banking facilities by another bank, it should apply enhanced diligence procedures to the customer.

30. Banks should never agree to open an account or conduct ongoing business with a customer who insists on anonymity or who gives a fictitious name. Nor should confidential numbered10) accounts function as anonymous accounts but they should be subject to exactly the same KYC procedures as all other customer accounts, even if the test is carried out by selected staff. Whereas a numbered account can offer additional protection for the identity of the account-holder, the identity must be known to a sufficient number of staff to operate proper due diligence. Such accounts should in no circumstances be used to hide the customer identity from a bank's compliance function or from the supervisors.

2.2 Specific identification issues

31. There are a number of more detailed issues relating to customer identification which need to be addressed. Several of these are currently under consideration by the FATF as part of a general review of its 40 recommendations, and the Working Group recognises the need to be consistent with the FATF.

---

9) Subject to any national legislation concerning handling of suspicious transactions.
10) In a numbered account, the name of the beneficial owner is known to the bank but is substituted by an account number or code name in subsequent documentation.

2.2.1 Trust, nominee and fiduciary accounts

32.　Trust, nominee and fiduciary accounts can be used to circumvent customer identification procedures. While it may be legitimate under certain circumstances to provide an extra layer of security to protect the confidentiality of legitimate private banking customers, it is essential that the true relationship is understood. Banks should establish whether the customer is taking the name of another customer, acting as a "front", or acting on behalf of another person as trustee, nominee or other intermediary. If so, a necessary precondition is receipt of satisfactory evidence of the identity of any intermediaries, and of the persons upon whose behalf they are acting, as well as details of the nature of the trust or other arrangements in place. Specifically, the identification of a trust should include the trustees, settlors/grantors and beneficiaries.[11]

2.2.2 Corporate vehicles

33.　Banks need to be vigilant in preventing corporate business entities from being used by natural persons as a method of operating anonymous accounts. Personal asset holding vehicles, such as international business companies, may make proper identification of customers or beneficial owners difficult. A bank should understand the structure of the company, determine the source of funds, and identify the beneficial owners and those who have control over the funds.

34.　Special care needs to be exercised in initiating business transactions with companies that have nominee shareholders or shares in bearer form. Satisfactory evidence of the identity of beneficial owners of all such companies needs to be obtained. In the case of entities which have a significant proportion of capital in the form of bearer shares, extra vigilance is called for. A bank may be completely unaware that the bearer shares have changed hands. The onus is on banks to put in

---

11) Beneficiaries should be identified as far as possible when defined. It is recognised that it may not be possible to identify the beneficiaries of trusts precisely at the outset. For example, some beneficiaries may be unborn children and some may be conditional on the occurrence of specific events. In addition, beneficiaries being specific classes of individuals (e.g. employee pension funds) may be appropriately dealt with as pooled accounts as referred to in paragraphs 38-9.

place satisfactory procedures to monitor the identity of material benefi-
cial owners. This may require the bank to immobilise the shares, e.g. by
holding the bearer shares in custody.

2.2.3 Introduced business

35.　The performance of identification procedures can be time consum-
ing and there is a natural desire to limit any inconvenience for new
customers. In some countries, it has therefore become customary for
banks to rely on the procedures undertaken by other banks or in-
troducers when business is being referred. In doing so, banks risk plac-
ing excessive reliance on the due diligence procedures that they expect
the introducers to have performed. Relying on due diligence conducted
by an introducer, however reputable, does not in any way remove the ul-
timate responsibility of the recipient bank to know its customers and
their business. In particular, banks should not rely on introducers that
are subject to weaker standards than those governing the banks' own
KYC procedures or that are unwilling to share copies of due diligence
documentation.

36.　The Basel Committee recommends that banks that use introducers
should carefully assess whether the introducers are "fit and proper" and
are exercising the necessary due diligence in accordance with the
standards set out in this paper. The ultimate responsibility for knowing
customers always lies with the bank. Banks should use the following cri-
teria to determine whether an introducer can be relied upon:[12]

- it must comply with the minimum customer due diligence practices
  identified in this paper;

- the customer due diligence procedures of the introducer should be
  as rigorous as those which the bank would have conducted itself
  for the customer;

- the bank must satisfy itself as to the reliability of the systems put in
  place by the introducer to verify the identity of the customer;

---

12) The FATF is currently engaged in a review of the appropriateness of eligible introducers.

- the bank must reach agreement with the introducer that it will be permitted to verify the due diligence undertaken by the introducer at any stage; and

- all relevant identification data and other documentation pertaining to the customer's identity should be immediately submitted by the introducer to the bank, who must carefully review the documentation provided. Such information must be available for review by the supervisor and the financial intelligence unit or equivalent enforcement agency, where appropriate legal authority has been obtained.

In addition, banks should conduct periodic reviews to ensure that an introducer which it relies on continues to conform to the criteria set out above.

2.2.4 Client accounts opened by professional intermediaries

37.   When a bank has knowledge or reason to believe that a client account opened by a professional intermediary is on behalf of a single client, that client must be identified.

38.   Banks often hold "pooled" accounts managed by professional intermediaries on behalf of entities such as mutual funds, pension funds and money funds. Banks also hold pooled accounts managed by lawyers or stockbrokers that represent funds held on deposit or in escrow for a range of clients. Where funds held by the intermediary are not co-mingled at the bank, but where there are "sub-accounts" which can be attributable to each beneficial owner, all beneficial owners of the account held by the intermediary must be identified.

39.   Where the funds are co-mingled, the bank should look through to the beneficial owners. There can be circumstances where the bank may not need to look beyond the intermediary, for example, when the intermediary is subject to the same regulatory and money laundering legislation and procedures, and in particular is subject to the same due diligence standards in respect of its client base as the bank. National supervisory guidance should clearly set out those circumstances in which

banks need not look beyond the intermediary. Banks should accept such accounts only on the condition that they are able to establish that the intermediary has engaged in a sound due diligence process and has the systems and controls to allocate the assets in the pooled accounts to the relevant beneficiaries. In assessing the due diligence process of the intermediary, the bank should apply the criteria set out in paragraph 36 above, in respect of introduced business, in order to determine whether a professional intermediary can be relied upon.

40.   Where the intermediary is not empowered to furnish the required information on beneficiaries to the bank, for example, lawyers[13] bound by professional secrecy codes or when that intermediary is not subject to due diligence standards equivalent to those set out in this paper or to the requirements of comprehensive anti-money laundering legislation, then the bank should not permit the intermediary to open an account.

2.2.5 Politically exposed persons

41.   Business relationships with individuals holding important public positions and with persons or companies clearly related to them may expose a bank to significant reputational and/or legal risks. Such politically exposed persons ("PEPs") are individuals who are or have been entrusted with prominent public functions, including heads of state or of government, senior politicians, senior government, judicial or military officials, senior executives of publicly owned corporations and important political party officials. There is always a possibility, especially in countries where corruption is widespread, that such persons abuse their public powers for their own illicit enrichment through the receipt of bribes, embezzlement, etc.

42.   Accepting and managing funds from corrupt PEPs will severely damage the bank's own reputation and can undermine public confidence in the ethical standards of an entire financial centre, since such cases usually receive extensive media attention and strong political reaction, even if the illegal origin of the assets is often difficult to prove. In addi-

---

13) The FATF is currently engaged in a review of KYC procedures governing accounts opened by lawyers on behalf of clients.

tion, the bank may be subject to costly information requests and seizure orders from law enforcement or judicial authorities (including international mutual assistance procedures in criminal matters) and could be liable to actions for damages by the state concerned or the victims of a regime. Under certain circumstances, the bank and/or its officers and employees themselves can be exposed to charges of money laundering, if they know or should have known that the funds stemmed from corruption or other serious crimes.

43.   Some countries have recently amended or are in the process of amending their laws and regulations to criminalise active corruption of foreign civil servants and public officers in accordance with the relevant international convention.[14] In these jurisdictions foreign corruption becomes a predicate offence for money laundering and all the relevant anti-money laundering laws and regulations apply (e.g. reporting of suspicious transactions, prohibition on informing the customer, internal freeze of funds etc). But even in the absence of such an explicit legal basis in criminal law, it is clearly undesirable, unethical and incompatible with the fit and proper conduct of banking operations to accept or maintain a business relationship if the bank knows or must assume that the funds derive from corruption or misuse of public assets. There is a compelling need for a bank considering a relationship with a person whom it suspects of being a PEP to identify that person fully, as well as people and companies that are clearly related to him/her.

44.   Banks should gather sufficient information from a new customer, and check publicly available information, in order to establish whether or not the customer is a PEP. Banks should investigate the source of funds before accepting a PEP. The decision to open an account for a PEP should be taken at a senior management level.

2.2.6 Non-face-to-face customers

45.   Banks are increasingly asked to open accounts on behalf of customers who do not present themselves for personal interview. This has always been a frequent event in the case of non-resident customers, but it has increased significantly with the recent expansion of postal, tele-

---

14) See OECD Convention on *Combating Bribery of Foreign Public Officials in International Business Transactions,* adopted by the Negotiating Conference on 21 November 1997.

phone and electronic banking. Banks should apply equally effective customer identification procedures and on-going monitoring standards for non-face-to-face customers as for those available for interview. One issue that has arisen in this connection is the possibility of independent verification by a reputable third party. This whole subject of non-face-to-face customer identification is being discussed by the FATF, and is also under review in the context of amending the 1991 EEC Directive.

46. A typical example of a non-face-to-face customer is one who wishes to conduct electronic banking via the Internet or similar technology. Electronic banking currently incorporates a wide array of products and services delivered over telecommunications networks. The impersonal and borderless nature of electronic banking combined with the speed of the transaction inevitably creates difficulty in customer identification and verification. As a basic policy, supervisors expect that banks should pro-actively assess various risks posed by emerging technologies and design customer identification procedures with due regard to such risks.[15]

47. Even though the same documentation can be provided by face-to-face and non-face-to-face customers, there is a greater difficulty in matching the customer with the documentation in the case of non-face-to-face customers. With telephone and electronic banking, the verification problem is made even more difficult.

48. In accepting business from non-face-to-face customers:

- banks should apply equally effective customer identification procedures for non-face-to-face customers as for those available for interview; and

- there must be specific and adequate measures to mitigate the higher risk.

Examples of measures to mitigate risk include:

- certification of documents presented;

---

15) The Electronic Banking Group of the Basel Committee issued a paper on risk management principles for electronic banking in May 2001.

- requisition of additional documents to complement those which are required for face-to-face customers;

- independent contact with the customer by the bank;

- third party introduction, e.g. by an introducer subject to the criteria established in paragraph 36; or

- requiring the first payment to be carried out through an account in the customer's name with another bank subject to similar customer due diligence standards.

2.2.7 Correspondent banking

49. Correspondent banking is the provision of banking services by one bank (the "correspondent bank") to another bank (the "respondent bank"). Used by banks throughout the world, correspondent accounts enable banks to conduct business and provide services that the banks do not offer directly. Correspondent accounts that merit particular care involve the provision of services in jurisdictions where the respondent banks have no physical presence. However, if banks fail to apply an appropriate level of due diligence to such accounts, they expose themselves to the range of risks identified earlier in this paper, and may find themselves holding and/or transmitting money linked to corruption, fraud or other illegal activity.

50. Banks should gather sufficient information about their respondent banks to understand fully the nature of the respondent's business. Factors to consider include: information about the respondent bank's management, major business activities, where they are located and its money-laundering prevention and detection efforts; the purpose of the account; the identity of any third party entities that will use the correspondent banking services; and the condition of bank regulation and supervision in the respondent's country. Banks should only establish correspondent relationships with foreign banks that are effectively supervised by the relevant authorities. For their part, respondent banks should have effective customer acceptance and KYC policies.

51. In particular, banks should refuse to enter into or continue a correspondent banking relationship with a bank incorporated in a jurisdiction in which it has no physical presence and which is unaffiliated with a regulated financial group (i.e. shell banks). Banks should pay particular attention when continuing relationships with respondent banks located in jurisdictions that have poor KYC standards or have been identified as being "noncooperative" in the fight against anti-money laundering. Banks should establish that their respondent banks have due diligence standards as set out in this paper, and employ enhanced due diligence procedures with respect to transactions carried out though the correspondent accounts.

52. Banks should be particularly alert to the risk that correspondent accounts might be used directly by third parties to transact business on their own behalf (e.g. payable-through accounts). Such arrangements give rise to most of the same considerations applicable to introduced business and should be treated in accordance with the criteria set out in paragraph 36.

3. On-going monitoring of accounts and transactions

53. On-going monitoring is an essential aspect of effective KYC procedures. Banks can only effectively control and reduce their risk if they have an understanding of normal and reasonable account activity of their customers so that they have a means of identifying transactions which fall outside the regular pattern of an account's activity. Without such knowledge, they are likely to fail in their duty to report suspicious transactions to the appropriate authorities in cases where they are required to do so. The extent of the monitoring needs to be risk-sensitive. For all accounts, banks should have systems in place to detect unusual or suspicious patterns of activity. This can be done by establishing limits for a particular class or category of accounts. Particular attention should be paid to transactions that exceed these limits. Certain types of transactions should alert banks to the possibility that the customer is conducting unusual or suspicious activities. They may include transactions that do not appear to make economic or commercial sense, or that involve large amounts of cash deposits that are not consistent with the

normal and expected transactions of the customer. Very high account turnover, inconsistent with the size of the balance, may indicate that funds are being "washed" through the account. Examples of suspicious activities can be very helpful to banks and should be included as part of a jurisdiction's anti-moneylaundering procedures and/or guidance.

54. There should be intensified monitoring for higher risk accounts. Every bank should set key indicators for such accounts, taking note of the background of the customer, such as the country of origin and source of funds, the type of transactions involved, and other risk factors. For higher risk accounts:

- Banks should ensure that they have adequate management information systems to provide managers and compliance officers with timely information needed to identify, analyse and effectively monitor higher risk customer accounts. The types of reports that may be needed include reports of missing account opening documentation, transactions made through a customer account that are unusual, and aggregations of a customer's total relationship with the bank.

- Senior management in charge of private banking business should know the personal circumstances of the bank's high risk customers and be alert to sources of third party information. Significant transactions by these customers should be approved by a senior manager.

- Banks should develop a clear policy and internal guidelines, procedures and controls and remain especially vigilant regarding business relationships with PEPs and high profile individuals or with persons and companies that are clearly related to or associated with them.[16] As all PEPs may not be identified initially and since existing customers may subsequently acquire PEP status, regular reviews of

16) It is unrealistic to expect the bank to know or investigate every distant family, political or business connection of a foreign customer. The need to pursue suspicions will depend on the size of the assets or turnover, pattern of transactions, economic background, reputation of the country, plausibility of the customer's explanations etc. It should however be noted that PEPs (or rather their family members and friends) would not necessarily present themselves in that capacity, but rather as ordinary (albeit wealthy) business people, masking the fact they owe their high position in a legitimate business corporation only to their privileged relation with the holder of the public office.

at least the more important customers should be undertaken.

4. Risk management

55. Effective KYC procedures embrace routines for proper management oversight, systems and controls, segregation of duties, training and other related policies. The board of directors of the bank should be fully committed to an effective KYC programme by establishing appropriate procedures and ensuring their effectiveness. Explicit responsibility should be allocated within the bank for ensuring that the bank's policies and procedures are managed effectively and are, at a minimum, in accordance with local supervisory practice. The channels for reporting suspicious transactions should be clearly specified in writing, and communicated to all personnel. There should also be internal procedures for assessing whether the bank's statutory obligations under recognised suspicious activity reporting regimes require the transaction to be reported to the appropriate law enforcement and and/or supervisory authorities.

56. Banks' internal audit and compliance functions have important responsibilities in evaluating and ensuring adherence to KYC policies and procedures. As a general rule, the compliance function should provide an independent evaluation of the bank's own policies and procedures, including legal and regulatory requirements. Its responsibilities should include ongoing monitoring of staff performance through sample testing of compliance and review of exception reports to alert senior management or the Board of Directors if it believes management is failing to address KYC procedures in a responsible manner.

57. Internal audit plays an important role in independently evaluating the risk management and controls, discharging its responsibility to the Audit Committee of the Board of Directors or a similar oversight body through periodic evaluations of the effectiveness of compliance with KYC policies and procedures, including related staff training. Management should ensure that audit functions are staffed adequately with individuals who are wellversed in such policies and procedures. In addition, internal auditors should be proactive in following-up their findings and criticisms.

58. All banks must have an ongoing employee-training programme so

that bank staff are adequately trained in KYC procedures. The timing and content of training for various sectors of staff will need to be adapted by the bank for its own needs. Training requirements should have a different focus for new staff, front-line staff, compliance staff or staff dealing with new customers. New staff should be educated in the importance of KYC policies and the basic requirements at the bank. Front-line staff members who deal directly with the public should be trained to verify the identity of new customers, to exercise due diligence in handling accounts of existing customers on an ongoing basis and to detect patterns of suspicious activity. Regular refresher training should be provided to ensure that staff are reminded of their responsibilities and are kept informed of new developments. It is crucial that all relevant staff fully understand the need for and implement KYC policies consistently. A culture within banks that promotes such understanding is the key to successful implementation.

59. In many countries, external auditors also have an important role to play in monitoring banks' internal controls and procedures, and in confirming that they are in compliance with supervisory practice.

IV. The role of supervisors

60. Based on existing international KYC standards, national supervisors are expected to set out supervisory practice governing banks' KYC programmes. The essential elements as presented in this paper should provide clear guidance for supervisors to proceed with the work of designing or improving national supervisory practice.

61. In addition to setting out the basic elements for banks to follow, supervisors have a responsibility to monitor that banks are applying sound KYC procedures and are sustaining ethical and professional standards on a continuous basis. Supervisors should ensure that appropriate internal controls are in place and that banks are in compliance with supervisory and regulatory guidance. The supervisory process should include not only a review of policies and procedures but also a review of customer files and the sampling of some accounts. Supervisors should always have the right to access all documentation related to accounts

maintained in that jurisdiction, including any analysis the bank has made to detect unusual or suspicious transactions.

62. Supervisors have a duty not only to ensure their banks maintain high KYC standards to protect their own safety and soundness but also to protect the integrity of their national banking system.[17] Supervisors should make it clear that they will take appropriate action, which may be severe and public if the circumstances warrant, against banks and their officers who demonstrably fail to follow their own internal procedures and regulatory requirements. In addition, supervisors should ensure that banks are aware of and pay particular attention to transactions that involve jurisdictions where standards are considered inadequate. The FATF and some national authorities have listed a number of countries and jurisdictions that are considered to have legal and administrative arrangements that do not comply with international standards for combating money laundering. Such findings should be a component of a bank's KYC policies and procedures.

V. Implementation of KYC standards in a cross-border context

63. Supervisors around the world should seek, to the best of their efforts, to develop and implement their national KYC standards fully in line with international standards so as to avoid potential regulatory arbitrage and safeguard the integrity of domestic and international banking systems. The implementation and assessment of such standards put to the test the willingness of supervisors to cooperate with each other in a very practical way, as well as the ability of banks to control risks on a groupwide basis. This is a challenging task for banks and supervisors alike.

64. Supervisors expect banking groups to apply an accepted minimum standard of KYC policies and procedures to both their local and overseas operations. The supervision of international banking can only be effectively carried out on a consolidated basis, and reputational risk as well as other banking risks are not limited to national boundaries. Parent

---

17) Many supervisors also have a duty to report any suspicious, unusual or illegal transactions that they detect, for example, during onsite examinations.

banks must communicate their policies and procedures to their overseas branches and subsidiaries, including non-banking entities such as trust companies, and have a routine for testing compliance against both home and host country KYC standards in order for their programmes to operate effectively globally. Such compliance tests will also be tested by external auditors and supervisors. Therefore, it is important that KYC documentation is properly filed and available for their inspection. As far as compliance checks are concerned, supervisors and external auditors should in most cases examine systems and controls and look at customer accounts and transactions monitoring as part of a sampling process.

65. However small an overseas establishment is, a senior officer should be designated to be directly responsible for ensuring that all relevant staff are trained in, and observe, KYC procedures that meet both home and host standards. While this officer will bear primary responsibility, he should be supported by internal auditors and compliance officers from both local and head offices as appropriate.

66. Where the minimum KYC standards of the home and host countries differ, branches and subsidiaries in the host jurisdictions should apply the higher standard of the two. In general, there should be no impediment to prevent a bank from adopting standards that are higher than the minima required locally. If, however, local laws and regulations (especially secrecy provisions) prohibit the implementation of home country KYC standards, where the latter are more stringent, host country supervisors should use their best endeavours to have the law and regulations changed. In the meantime, overseas branches and subsidiaries would have to comply with host country standards, but they should make sure the head office or parent bank and its home country supervisor are fully informed of the nature of the difference.

67. Criminal elements are likely to be drawn toward jurisdictions with such impediments. Hence, banks should be aware of the high reputational risk of conducting business in these jurisdictions. Parent banks should have a procedure for reviewing the vulnerability of the individual operating units and implement additional safeguards where appropriate. In extreme cases, supervisors should consider placing additional controls on banks operating in those jurisdictions and ultimately perhaps encouraging their withdrawal.

68.   During on-site inspections, home country supervisors or auditors should face no impediments in verifying the unit's compliance with KYC policies and procedures. This will require a review of customer files and some random sampling of accounts. Home country supervisors should have access to information on sampled individual customer accounts to the extent necessary to enable a proper evaluation of the application of KYC standards and an assessment of risk management practices, and should not be impeded by local bank secrecy laws. Where the home country supervisor requires consolidated reporting of deposit or borrower concentrations or notification of funds under management, there should be no impediments. In addition, with a view to monitoring deposit concentrations or the funding risk of the deposit being withdrawn, home supervisors may apply materiality tests and establish some thresholds so that if a customer's deposit exceeds a certain percentage of the balance sheet, banks should report it to the home supervisor. However, safeguards are needed to ensure that information regarding individual accounts is used exclusively for lawful supervisory purposes, and can be protected by the recipient in a satisfactory manner. A statement of mutual cooperation[18] to facilitate information sharing between the two supervisors would be helpful in this regard.

69.   In certain cases there may be a serious conflict between the KYC policies of a parent bank imposed by its home authority and what is permitted in a cross-border office. There may, for example, be local laws that prevent inspections by the parent banks' compliance officers, internal auditors or home country supervisors, or that enable bank customers to use fictitious names or to hide behind agents or intermediaries that are forbidden from revealing who their clients are. In such cases, the home supervisor should communicate with the host supervisor in order to confirm whether there are indeed genuine legal impediments and whether they apply extraterritorially. If they prove to be insurmountable, and there are no satisfactory alternative arrangements, the home supervisor should make it clear to the host that the bank may decide for itself, or be required by its home supervisor, to close down the operation in question. In the final analysis, any arrangements underpinning such on-site examinations should provide a mechanism that permits an as-

---

18) See the Basel Committee paper *Essential elements of a statement of cooperation between banking supervisors* (May 2001).

sessment that is satisfactory to the home supervisor. Statements of co-operation or memoranda of understanding setting out the mechanics of the arrangements may be helpful. Access to information by home country supervisors should be as unrestricted as possible, and at a minimum they should have free access to the banks' general policies and procedures for customer due diligence and for dealing with suspicions.

Annex 1

Excerpts from *Core Principles Methodology*

Principle 15: Banking supervisors must determine that banks have adequate policies, practices and procedures in place, including strict "know-your-customer" rules, that promote high ethical and professional standards in the financial sector and prevent the bank being used, intentionally or unintentionally, by criminal elements.

Essential criteria

1. The supervisor determines that banks have in place adequate policies, practices and procedures that promote high ethical and professional standards and prevent the bank from being used, intentionally or unintentionally, by criminal elements. This includes the prevention and detection of criminal activity or fraud, and reporting of such suspected activities to the appropriate authorities.

2. The supervisor determines that banks have documented and enforced policies for identification of customers and those acting on their behalf as part of their antimoney-laundering program. There are clear rules on what records must be kept on customer identification and individual transactions and the retention period.

3. The supervisor determines that banks have formal procedures to recognise potentially suspicious transactions. These might include additional authorisation for large cash (or similar) deposits or withdrawals and special procedures for unusual transactions.

4. The supervisor determines that banks appoint a senior officer with explicit responsibility for ensuring that the bank's policies and procedures are, at a minimum, in accordance with local statutory and

regulatory anti-money laundering requirements.

5. The supervisor determines that banks have clear procedures, communicated to all personnel, for staff to report suspicious transactions to the dedicated senior officer responsible for anti-money laundering compliance.

6. The supervisor determines that banks have established lines of communication both to management and to an internal security (guardian) function for reporting problems.

7. In addition to reporting to the appropriate criminal authorities, banks report to the supervisor suspicious activities and incidents of fraud material to the safety, soundness or reputation of the bank.

8. Laws, regulations and/or banks' policies ensure that a member of staff who reports suspicious transactions in good faith to the dedicated senior officer, internal security function, or directly to the relevant authority cannot be held liable.

9. The supervisor periodically checks that banks' money laundering controls and their systems for preventing, identifying and reporting fraud are sufficient. The supervisor has adequate enforcement powers (regulatory and/or criminal prosecution) to take action against a bank that does not comply with its anti-money laundering obligations.

10. The supervisor is able, directly or indirectly, to share with domestic and foreign financial sector supervisory authorities information related to suspected or actual criminal activities.

11. The supervisor determines that banks have a policy statement on ethics and professional behaviour that is clearly communicated to all staff.

Additional criteria

1. The laws and/or regulations embody international sound practices, such as compliance with the relevant forty Financial Action Task Force Recommendations issued in 1990 (revised 1996).

2. The supervisor determines that bank staff is adequately trained on money laundering detection and prevention.

3. The supervisor has the legal obligation to inform the relevant criminal athorities of any suspicious transactions.

4. The supervisor is able, directly or indirectly, to share with relevant judicial authorities information related to suspected or actual criminal activities.

5. If not performed by another agency, the supervisor has in-house resources with specialist expertise on financial fraud and anti-money laundering obligations.

Annex 2

Excerpts from FATF recommendations

C.   Role of the financial system in combating money laundering

Customer Identification and Record-keeping Rules

10. Financial institutions should not keep anonymous accounts or accounts in obviously fictitious names: they should be required (by law, by regulations, by agreements between supervisory authorities and financial institutions or by self-regulatory agreements among financial institutions) to identify, on the basis of an official or other reliable identifying document, and record the identity of their clients, either occasional or usual, when establishing business relations or conducting transactions(in particular opening of accounts or passbooks, entering into fiduciary transactions, renting of safe deposit boxes, performing large cash transactions).

In order to fulfil identification requirements concerning legal entities, financial institutions should, when necessary, take measures:

(i) to verify the legal existence and structure of the customer by obtaining either from a public register or from the customer or both, proof of incorporation, including information concerning the customer's name, legal form, address, directors and provisions regulating the power to bind the entity.

(ii) to verify that any person purporting to act on behalf of the customer is so authorised and identify that person.

11. Financial institutions should take reasonable measures to obtain information about the true identity of the persons on whose behalf an account is opened or a transaction conducted if there are any doubts as to whether these clients or customers are acting on their

own behalf, for example, in the case of domiciliary companies (i.e. institutions, corporations, foundations, trusts, etc. that do not conduct any commercial or manufacturing business or any other form of commercial operation in the country where their registered office is located).

12. Financial institutions should maintain, for at least five years, all necessary records on transactions, both domestic or international, to enable them to comply swiftly with information requests from the competent authorities. Such records must be sufficient to permit reconstruction of individual transactions (including the amounts and types of currency involved if any) so as to provide, if necessary, evidence for prosecution of criminal behaviour.

Financial institutions should keep records on customer identification (e.g. copies or records of official identification documents like passports, identity cards, driving licenses or similar documents), account files and business correspondence for at least five years after the account is closed.

These documents should be available to domestic competent authorities in the context of relevant criminal prosecutions and investigations.

13. Countries should pay special attention to money laundering threats inherent in new or developing technologies that might favour anonymity, and take measures, if needed, to prevent their use in money laundering schemes.

Increased Diligence of Financial Institutions

14. Financial institutions should pay special attention to all complex, unusual large transactions, and all unusual patterns of transactions, which have no apparent economic or visible lawful purpose. The background and purpose of such transactions should, as far as possible, be examined, the findings established in writing, and be available to help supervisors, auditors and law enforcement agencies.

15. If financial institutions suspect that funds stem from a criminal activity, they should be required to report promptly their suspicions to the competent authorities.

16. Financial institutions, their directors, officers and employees should be protected by legal provisions from criminal or civil liability for breach of any restriction on disclosure of information imposed by contract or by any legislative, regulatory or administrative provision, if they report their suspicions in good faith to the competent authorities, even if they did not know precisely what the underlying criminal activity was, and regardless of whether illegal activity actually occurred.

17. Financial institutions, their directors, officers and employees, should not, or, where appropriate, should not be allowed to, warn their customers when information relating to them is being reported to the competent authorities.

18. Financial institutions reporting their suspicions should comply with instructions from the competent authorities.

19. Financial institutions should develop programs against money laundering. These programs should include, as a minimum:

   (i) the development of internal policies, procedures and controls, including the designation of compliance officers at management level, and adequate screening procedures to ensure high standards when hiring employees;

   (ii) an ongoing employee training programme;

   (iii) an audit function to test the system.

부 록

3. 업무규정(2010)

자금세탁방지 및 공중협박자금조달금지에 관한 업무규정

제정 금융정보분석원 고시 제2010－1호(2010.06.21)

제 1 장   총   칙

제1조(목적) 이 규정은 특정금융거래정보의 보고 및 이용 등에 관한 법률(이하 '법'이라 한
다) 제4조부터 제5조의2까지 및 동법 시행령(이하 '영'이라 한다) 제5조제3항에서 위임된
사항과 그 시행에 필요한 사항을 정함을 목적으로 한다.

제2조(정의) 이 규정에서 사용하는 용어의 정의는 특별히 정한 경우 외에는 법·영 및 공중
협박자금조달금지법 등 관련법령에서 정하는 바에 따른다.

제3조(적용대상) 이 규정은 법 제2조제1호에 따른 금융기관등에 적용된다. 다만, 카지노사
업자의 경우 따로 정하는 바에 의한다.

제 2 장 내부통제 구축

제 1 절 구성원별 역할 및 책임

제4조(이사회의 역할 및 책임) ①금융기관등은 경영진이 설계·운영하는 자금세탁방지와 공
중협박자금조달금지(이하 '자금세탁방지등'이라 한다) 활동과 관련하여 이사회에 역할과
책임을 부여하여야 한다.

②제1항에 따른 역할과 책임에는 다음 각 호의 사항이 포함되어야 한다.

　1. 경영진이 자금세탁방지등을 위해 설계·운영하는 내부통제 정책에 대한 감독책임

　2. 자금세탁방지등과 관련한 경영진과 감사(또는 감사위원회)의 평가 및 조치결과에 대
한 검토와 승인 등

제5조(경영진의 역할 및 책임) ①금융기관등은 경영진에게 자금세탁방지등의활동에 관한
역할과 책임을 부여하여야 한다.

②제1항에 따른 역할과 책임에는 다음 각 호의 사항이 포함되어야 한다.

1. 자금세탁방지등을 위한 내부통제 정책의 설계·운영·평가
2. 자금세탁방지등을 위한 내부통제 규정 승인
3. 내부통제 정책의 준수책임 및 취약점에 대한 개선조치 사항의 이사회 보고
4. 내부통제 정책 이행과정에서 발견된 취약점을 개선할 책임
5. 자금세탁방지등의 효과적 수행에 필요한 전문성과 독립성을 갖춘 일정 직위 이상의 자를 보고책임자로 임명 및 그 임면사항의 금융정보분석원장 통보 등

제6조(보고책임자의 역할 및 책임) ①금융기관등의 보고책임자는 법 제4조 및 제4조의2에 따라 의심되는 거래 또는 고액현금거래를 금융정보분석원장에게 보고하여야 한다.

②금융기관등의 보고책임자는 법 제5조의2에 따른 고객확인의 이행과 관련된 업무를 총괄한다.

③금융기관등은 자금세탁방지등을 위한 내부통제 정책의 설계·운영 및 평가와 관련하여 보고책임자에게 역할과 책임을 부여하여야 한다.

④제3항에 따른 역할과 책임에는 다음 각 호의 사항이 포함되어야 한다.

1. 관련 규정 및 세부 업무지침의 작성 및 운용
2. 직무기술서 또는 관련규정 등에 임직원별 자금세탁방지등의 업무와 관련한 역할과 책임 및 보고체계 등 명시
3. 전자금융기술의 발전, 금융 신상품의 개발 등에 따른 자금세탁 및 공중협박자금조달 유형과 기법에 대한 대응방안 마련
4. 직원알기제도의 수립 및 운영
5. 임직원에 대한 교육 및 연수
6. 자금세탁방지등의 업무와 관련된 자료의 보존책임
7. 자금세탁방지등의 운영상황 모니터링 및 개선·보완
8. 자금세탁방지등 시스템·통제활동의 운영과 효과의 정기적 점검결과 및 그 개선사항의 경영진 보고
9. 금융거래 규모 등 자체 여건을 감안한 전담직원 배치
10. 기타 자금세탁방지등과 관련하여 필요한 사항 등

⑤금융기관등의 보고책임자는 금융정보분석원과의 업무협조 및 정보교환 등을 위해 적절한 조치를 취하여야 한다.

⑥제5항에 따른 조치에는 다음 각 호의 사항이 포함되어야 한다.

1. 특정금융거래정보의 분석을 위해 금융정보분석원장이 문서에 의해 외국환거래 등을 이용한 금융거래 관련 정보 또는 자료의 제공을 요청하는 경우 그 제공
2. 의심되는 거래보고 및 고액현금거래보고와 관련한 내부보고체계 운용상황의 점검·

개선사항에 대하여 금융정보분석원과의 정보교환 등

제 2 절   교육 및 연수

제7조(교육·연수 실시 등) ①금융기관등은 법 제5조제3호에 따른 교육 및 연수프로그램을 수립하고 운용하여야 한다.

②보고책임자는 제1항에 따른 교육 및 연수를 연 1회 이상 실시하여야 한다.

제8조(교육내용) ①금융기관등은 직위 또는 담당 업무 등 교육대상에 따라 적절하게 구분하여 교육 및 연수를 실시하여야 한다.

②금융기관등은 제1항에 따라 교육 및 연수를 실시하는 경우 다음 각 호의 내용이 포함되도록 하여야 한다.

1. 자금세탁방지등에 관한 법규 및 제도의 주요내용
2. 자금세탁방지등과 관련된 내부정책 및 절차
3. 의심되는 거래의 유형 및 최근 동향
4. 고객확인의 이행과 관련한 고객 유형별 업무처리 절차
5. 의심되는 거래 및 고액현금거래보고 업무처리 절차
6. 자금세탁방지등과 관련된 임직원의 역할 등

제9조(교육방법 등) ①금융기관등은 제7조에 따른 교육 및 연수를 집합, 전달, 화상 등 다양한 방법으로 실시할 수 있다.

②금융기관등은 교육 및 연수를 실시한 경우 그 일자·대상·내용 등을 기록·보존하여야 한다.

제 3 절   직원알기제도

제10조(정의) 직원알기제도란 금융기관등이 자금세탁등에 자신의 임·직원이 이용되지 않도록 하기 위해 임·직원을 채용(재직 중 포함)하는 때에 그 신원사항 등을 확인하는 것을 말한다.

제11조(절차수립 등) ①금융기관등은 직원알기제도의 이행과 관련된 절차와 방법을 수립하여야 한다.

②금융기관등은 제1항에 따라 수립된 관련 절차 등이 원활하게 운용될 수 있도록 적절한 조치를 취하여야 한다.

제 4 절   독립적 감사체계

제12조(정의 등) ①독립적 감사체계란 금융기관등이 자금세탁방지등의 업무를 수행하는 부

서와는 독립된 부서에서 그 업무수행의 적절성, 효과성을 검토·평가하고 이에 따른 문제점 등을 개선하기 위해 취하는 절차 및 방법 등을 말한다.

②금융기관등은 제1항에 따라 독립적인 감사를 실시하기 위한 체계를 구축·운영하여야 한다.

제13조(주체) ①금융기관등은 감사 또는 감사위원회로 하여금 제12조에 따른 독립적 감사를 실시하도록 하여야 한다.

②금융기관등은 제1항에 따른 독립적 감사를 실시하는 자로 하여금 자금세탁방지등의 업무평가를 위해 관련 전문성을 갖출 수 있도록 적절한 조치를 취하여야 한다.

③금융기관등은 감사 또는 감사위원회가 독립적 감사를 실시하기 어려운 경우에는 감사부서 외의 내부부서(자금세탁방지등의 업무를 담당하는 부서는 제외한다) 또는 외부전문가로 하여금 독립적 감사를 실시하게 할 수 있다.

제14조(주기) 금융기관등은 독립적 감사를 연 1회 이상 실시하여야 한다. 다만, 영업점에 대해서는 감사주기를 따로 정할 수 있다.

제15조(방법 및 범위) ①금융기관등은 실지감사의 방법으로 독립적 감사를 실시하여야 한다. 다만, 영업점에 대해서는 실지감사·서면·모니터링 등의 방법을 활용하여 실시할 수 있다.

②금융기관등이 실시하는 독립적 감사는 자금세탁방지등의 업무수행의 적절성과 효과성 등을 검토·평가하고 그에 따른 의견을 제시할 수 있도록 다음 각 호의 사항이 포함되어야 한다.

　1. 자금세탁방지등 관련정책, 절차 및 통제활동 등의 설계·운영의 적정성 및 효과성
　2. 자금세탁방지등 모니터링 시스템의 적정성
　3. 관련업무의 효율적 수행을 위한 인원의 적정성 등

제16조(결과보고 등) 금융기관등의 감사 또는 감사위원회는 제14조에 따라 감사를 실시한 후 그 결과를 이사회에 보고하고 감사범위·내용·위반사항 및 사후조치 등을 기록·관리하여야 한다.

제 5 절　신상품 등 자금세탁방지 절차 수립

제17조(절차 수립) 금융기관등은 신규 금융상품 및 서비스를 이용한 자금세탁 및 공중협박자금조달(이하 '자금세탁등'이라 한다)의 위험을 예방하기 위해 신규 상품 및 서비스를 제공하기 전에 자금세탁등의 위험을 평가할 수 있는 절차를 수립·운영하여야 한다.

제 6 절   자금세탁방지제도 이행 평가

제18조(종합평가) 금융정보분석원장은 자금세탁방지제도의 원활한 정착과 적극적 이행을 유도하기 위하여 매년 금융기관등의 자금세탁방지제도 이행현황 등에 대하여 종합적인 평가를 실시할 수 있다.

제19조(자가평가) ①금융정보분석원장은 제18조에 따른 평가와는 별도로 금융기관등으로 하여금 자금세탁방지제도를 스스로 평가하도록 할 수 있다

②금융정보분석원장은 제1항에 따른 평가를 하고자 하는 경우 평가 대상·항목·기간 등 평가에 필요한 사항을 정하여 금융기관등에 통보하여야 한다.

③금융기관등은 제1항 및 제2항에 따라 평가에 필요한 사항을 금융정보분석원장으로부터 통보받은 때에는 그에 따라 평가를 실시하여야 한다.

④금융기관등은 금융정보분석원장이 제1항에 따른 평가를 위해 구축한 자가평가시스템을 통해 정해진 기간 내에 제3항에 따른 평가결과를 제출하여야 한다.

⑤금융정보분석원장은 제3항에 따른 평가결과를 활용하기 위해 적절한 조치를 취할 수 있다.

제 3 장   고객확인

제 1 절   통 칙

제20조(정의) ①고객확인이란 금융기관등이 고객과 금융거래를 하는 때에 자신이 제공하는 금융상품 또는 서비스가 자금세탁등에 이용되지 않도록 법 제5조의2에 따라 고객의 신원확인 및 검증, 거래목적 및 실소유자 확인 등 고객에 대하여 합당한 주의를 기울이는 것을 말한다.

②간소화된 고객확인이란 자금세탁등의 위험이 낮은 것으로 평가된 고객 또는 상품 및 서비스에 대하여 제1항에 나른 고객확인을 위한 절치의 방법 중 일부(제38조에 따른 고객신원확인 제외)를 적용하지 않을 수 있음을 말한다. 다만, 다음 각 호의 경우에는 간소화된 고객확인 절차와 방법 등을 적용할 수 없다.

　1. 외국인인 고객이 자금세탁방지 국제기구(이하 'FATF'라 한다) 권고사항을 도입하여 효과적으로 이행하고 있는 국가의 국민(법인 포함)이 아닌 경우

　2. 자금세탁등이 의심되거나 위험이 높은 것으로 평가되는 경우

③강화된 고객확인이란 자금세탁등의 위험이 높은 것으로 평가된 고객 또는 상품 및 서비스에 대하여 제38조부터 제40조에 따른 신원확인 및 검증 이외에 제41조부터 제42조 및 제4장에 따른 추가적인 정보를 확인하는 것을 말한다.

제21조(업무지침의 작성 및 운용) 금융기관등은 법 제5조의2에 따라 고객확인을 효과적으로 이행하기 위해 작성·운용하는 업무지침에 다음 각 호의 사항을 포함하여야 한다. 다만, 법 제5조의2에 따른 업무지침은 법 제5조제2호에 따른 업무지침에 포함하여 작성·운용할 수 있다.

1. 고객확인의 적용대상 및 이행시기
2. 자금세탁등의 위험도에 따른 고객의 신원확인 및 검증 절차와 방법
3. 고객의 신원확인 및 검증 거절시의 처리 절차와 방법
4. 주요 고위험고객군에 대한 고객확인 이행
5. 지속적인 고객확인 이행
6. 자금세탁등의 위험도에 따른 거래모니터링 체계 구축 및 운용 등

제 2 절 적용대상

제22조(계좌 신규 개설) 법 제5조의2 제1항제1호 및 영 제10조의2 제2항에 의한 '계좌의 신규 개설'은 다음 각 호를 포함한다.

1. 예금계좌, 위탁매매계좌 등의 신규 개설
2. 보험·공제계약·대출·보증·팩토링 계약의 체결
3. 양도성 예금증서, 표지어음 등의 발행
4. 펀드 신규 가입
5. 대여금고 약정, 보관어음 수탁
6. 기타 영 제10조의2 제2항에 따른 금융거래를 개시할 목적으로 금융기관등과 계약을 체결하는 것

제23조(일회성 금융거래) ①법 제5조의2 제1항제1호 및 영 제10조의2 제2항에 의한 '일회성 금융거래'는 다음 각 호를 포함한다.

1. 무통장 입금(송금), 외화송금 및 환전,
2. 자기앞수표의 발행 및 지급
3. 보호예수(봉함된 경우 기준금액 미만으로 봄)
4. 선불카드 매매
5. 기타 영 제10조의2 제2항에 따른 금융기관등에 개설된 계좌에 의하지 아니한 금융거래

②제1항에 의한 일회성 금융거래에는 영 제10조의3에 의한 기준금액 이상의 단일 금융거래 뿐만 아니라 동일인 명의의 일회성 금융거래로서 7일 동안 합산한 금액이 영 제10조의3에 의한 기준금액 이상인 금융거래(이하 '연결거래'라 한다)를 포함한다.

③제2항에 따른 연결거래의 경우에는 당해 거래당사자가 동 거래를 한 이후 최초 금융

거래시 고객확인을 하여야 한다.

제24조(기타 고객확인이 필요한 거래) ①금융기관등은 고객이 자금세탁등을 하고 있다고 의심되는 때에는 고객확인을 하여야 한다.

②금융기관등은 기존의 고객확인 정보가 사실과 일치하지 아니할 우려가 있거나 그 타당성에 의심이 있는 경우에는 고객확인을 하여야 한다.

③금융기관등은 제45조에 따른 100만원 초과의 전신송금거래가 발생하는 경우 송금자의 성명, 주민등록번호, 수취인의 계좌번호를 확인하여야 한다.

제25조(기존고객) ①금융기관등은 법령 등의 개정에 따른 효력이 발생(2008.12.22.)하기 이전에 이미 거래를 하고 있었거나 거래를 한 고객(이하 '기존고객'이라 한다)에 대하여 적절한 시기에 고객확인을 하여야 한다.

②제1항의 고객확인을 하여야 할 적절한 시기는 다음 각 호의 어느 하나에 해당하는 때를 말한다.

1. 중요도가 높은 거래가 발생하는 경우

2. 고객확인자료 기준이 실질적으로 변한 경우

3. 계좌운영방식에 중요한 변화가 있는 경우

4. 고객에 대한 정보가 충분히 확보되지 않았음을 알게 된 경우

③금융기관등은 제1항에 따른 효력이 발생한 이후에 고객확인을 통해 새로 고객이 된 자가 그 후 제2항 각 호의 어느 하나에 해당하는 때에는 그 고객에 대하여 다시 고객확인을 하여야 한다.

제26조(인수 및 합병) 금융기관등은 인수·합병 등을 통해 새롭게 고객이 된 자에 대해서도 고객확인을 하여야 한다. 다만, 다음 각 호를 모두 충족하는 경우에는 이를 생략할 수 있다.

1. 고객확인 관련기록을 입수하고 피인수기관으로부터 법 제5조의2에 의한 고객확인 이행을 보증받은 경우

2. 제1호의 고객확인 관련자료에 대한 표본추출 점검 등을 통해 적정하다고 판난뇌는 경우

제27조(해외지점 등에 대한 고객확인 등) ①금융기관등은 해외에 소재하는 자신의 지점 또는 자회사의 자금세탁방지등의 의무이행 여부를 관리하여야 한다.

②금융기관등은 FATF 권고사항이 이행되지 않거나 불충분하게 이행되고 있는 국가에 소재한 자신의 지점 또는 자회사에 대하여 자금세탁방지등과 관련된 기준이 준수되도록 특별한 주의를 기울여야 한다.

③금융기관등은 해외 지점 또는 자회사에 적용되는 자금세탁방지등에 관한 국내법과 현지법상의 기준이 다를 경우에는 소재국의 법령 및 규정이 허용하는 범위 내에서 더 높은

기준을 적용하여야 한다.

제 3 절 위험 평가

제28조(위험 평가) ①금융기관등은 자금세탁등과 관련된 위험을 식별하고 평가하여 고객확인에 활용하여야 한다.

②금융기관등은 자금세탁등과 관련된 위험을 식별하고 평가함에 있어 다음 각호의 위험을 반영하여야 한다.

1. 국가위험

2. 고객유형

3. 상품 및 서비스 위험 등

③금융기관등은 해당 고객의 자금세탁등의 위험도가 적정하게 반영되도록 위험 평가요소와 중요도를 정하여 자금세탁등의 위험을 평가하여야 한다.

제29조(국가위험) ①금융기관등은 특정국가의 자금세탁방지제도와 금융거래 환경이 취약하여 발생할 수 있는 자금세탁등의 위험(이하 '국가위험'이라 한다)을 평가하여야 한다.

②금융기관등이 제1항에 따라 국가위험을 평가하는 때에는 다음 각 호와 같은 공신력 있는 기관의 자료를 활용하여야 한다.

1. FATF가 발표하는 비협조 국가리스트

2. FATF Statement에서 FATF권고사항 이행 취약국가로 발표한 국가리스트

3. UN 또는 타 국제기구(World bank, OECD, IMF 등)에서 발표하는 제재, 봉쇄 또는 기타 이와 유사한 조치와 관련된 국가리스트

4. 국제투명성기구 등이 발표하는 부패관련 국가리스트 등

제30조(고객유형 평가) ①금융기관등은 고객의 특성에 따라 다양하게 발생하는 자금세탁등의 위험(이하 '고객위험'이라 한다)을 평가하여야 한다. 이 경우고객의 직업(업종)·거래유형 및 거래빈도 등을 활용할 수 있다.

②금융기관등은 다음 각 호의 고객을 자금세탁등의 위험이 낮은 고객으로 고려할 수 있다.

1. 국가기관, 지방자치단체, 공공단체(영 제8조의5에 따른 공공단체)

2. 법 제2조 및 제11조에 따른 감독·검사의 대상인 금융기관등(카지노사업자 제외)

3. 주권상장법인 및 코스닥 상장법인 공시규정에 따라 공시의무를 부담하는 상장회사

③ 금융기관등은 다음 각 호의 고객을 자금세탁등과 관련하여 추가정보 확인이 필요한 고객으로 고려하여야 한다.

1. 금융기관등으로부터 종합자산관리서비스를 받는 고객 중 금융기관등이 추가정보 확인이 필요하다고 판단한 고객

2. 외국의 정치적 주요인물

3. 비거주자

4. 대량의 현금(또는 현금등가물)거래가 수반되는 카지노사업자, 대부업자, 환전상 등

5. 고가의 귀금속 판매상

6. 금융위원회가 공중협박자금조달과 관련하여 고시하는 금융거래제한대상자

7. UN에서 발표하는 테러리스트에 포함된 자

8. 개인자산을 신탁받아 보유할 목적으로 설립 또는 운영되는 법인 또는 단체

9. 명의주주가 있거나 무기명주식을 발행한 회사

제31조(상품 및 서비스 위험) ①금융기관등은 고객에게 제공하는 상품 및 서비스에 따라 다양하게 발생하는 자금세탁등의 위험(이하 '상품위험'이라 한다)을 평가하여야 한다. 이 경우 상품 및 서비스의 종류, 거래채널 등을 활용하여 평가할 수 있다.

②금융기관등은 다음 각 호를 자금세탁등의 위험이 낮은 상품 및 서비스로 고려할 수 있다.

1. 연간보험료가 300만원 이하이거나 일시 보험료가 500만원 이하인 보험

2. 보험해약 조항이 없고 저당용으로 사용될 수 없는 연금보험

3. 연금, 퇴직수당 및 기타 고용인에게 퇴직 후 혜택을 제공하기 위하여 급여에서 공제되어 조성된 기금으로서 그 권리를 타인에게 양도할 수 없는 것 등

③금융기관등은 다음 각 호의 상품 및 서비스를 자금세탁등의 위험이 높은 상품 및 서비스로 고려하여야 한다.

1. 양도성 예금증서(증서식 무기명)

2. 환거래 서비스

3. 비대면 거래

4. 기타 정부 또는 감독기관에서 고위험으로 판단하는 상품 및 서비스 등

제 4 절 이행시기

제32조(원칙) 금융기관등은 영 제10조의5에 따라 당해 금융거래가 완료되기 전까지 고객확인을 하여야 한다.

제33조(예외) ①금융기관등이 영 제10조의5 및 감독규정 제23조에 따라 금융거래 후 고객확인을 하는 때에는 지체없이 이를 이행하여야 한다.

②금융기관등은 제1항에 따라 금융거래 후 고객확인을 하는 경우에 발생할 수 있는 자금세탁등의 위험을 관리·통제할 수 있는 절차를 수립·운영하여야 한다.

제34조(지속적인 고객확인) ①금융기관등은 고객확인을 한 고객과 거래가 유지되는 동안 당해 고객에 대하여 지속적으로 고객확인을 하여야 한다.

②제1항에 따른 고객확인은 다음 각 호의 방법으로 하여야 한다.

1. 거래전반에 대한 면밀한 조사 및 이를 통해 금융기관등이 확보하고 있는 고객·사업·위험평가·자금출처 등 정보가 실제 거래내용과 일관성이 있는지 검토

2. 특히 고위험군에 속하는 고객 또는 거래인 경우 현존 기록에 대한 검토를 통해 고객확인을 위해 수집된 문서, 자료, 정보가 최신이며 적절한 것인지를 확인

③금융기관등은 고객의 거래행위를 고려한 자금세탁등의 위험도에 따라 고객확인의 재이행 주기를 설정·운용하여야 한다.

제35조(비대면거래) ①금융기관등은 비대면 거래와 관련된 자금세탁등의 위험에 대처하기 위한 절차와 방법을 마련하여야 한다.

②금융기관등은 비대면에 의해 고객과 새로운 금융거래를 하거나 지속적인 고객확인을 하는 경우에 제1항에 따른 절차와 방법을 적용하여야 한다.

제36조(고객공지의무) ①금융기관등은 고객에게 고객확인을 위해 필요한 문서와 자료 등을 공지하여야 한다.

②금융기관등이 제1항에 따라 공지하는 때에는 다음 각 호의 내용이 포함되도록 하여야 한다.

1. 고객확인의 법적근거

2. 고객확인에 필요한 정보, 문서, 자료 등

3. 고객이 정보 등의 제출을 거부하거나, 검증이 불가능한 경우에 금융기관등이 취하는 조치 등

제 5 절 고객확인 및 검증

제37조(원칙) ①금융기관등은 고객과 금융거래를 하는 때에는 그 신원을 확인하여야 하며 신뢰할 수 있는 문서·자료·정보 등을 통하여 그 정확성을 검증하여야 한다.

②금융기관등은 고객과 금융거래를 하는 경우에는 거래의 목적 및 성격을 확인하여야 한다.

제38조(신원확인) ①금융기관등이 확인하여야 하는 개인고객(외국인 포함, 이하 '개인고객'이라 한다)의 신원정보는 다음 각 호와 같다.

1. 성명

2. 생년월일 및 성별 : 외국인 비거주자의 경우에 한 함

3. 실명번호

4. 국적 : 외국인의 경우에 한 함

5. 주소 및 연락처 : 단, 외국인 비거자의 경우에는 실제 거소 또는 연락처

②금융기관등이 확인하여야 하는 법인고객(영리법인, 비영리법인, 외국단체 포함, 이하 '법인고객'이라 한다)의 신원정보는 다음 각 호와 같다.

1. 법인(단체)명
2. 실명번호
3. 본점 및 사업장의 주소·소재지(외국법인인 경우 연락가능한 실제 사업장 소재지)
4. 대표자 정보 : 개인고객의 신원확인 사항에 준함
5. 업종(영리법인인 경우), 회사 연락처
6. 설립목적(비영리법인인 경우)

③금융기관등은 영 제10조의4 제1호에 의해 개인 및 법인 또는 그 밖의 단체를 대신하여 금융거래를 하는 자(이하 '대리인'이라 한다)에 대해서는 그 권한이 있는지를 확인하고, 해당 대리인에 대해서도 고객확인을 하여야 한다.

④금융기관등은 법인고객의 경우에는 그 설립사실을 증명할 수 있는 법인등기부등본 등의 문서 등을 통하여 법인 또는 법률관계가 실제로 존재하는지 여부를 확인하여야 한다.

제39조(개인고객의 검증 등) ①금융기관등이 검증하여야 하는 개인고객의 신원확인 정보는 다음 각 호와 같다.

1. 성명
2. 생년월일 및 성별 : 외국인 비거주자의 경우에 한 함
3. 실명번호
4. 국적 : 외국인의 경우에 한 함
5. 주소 및 연락처 : 단, 외국인 비거주자의 경우 실제 거소 또는 연락처

②제1항에도 불구하고 자금세탁등의 위험이 낮은 경우로서 다음 각 호의 방법으로 고객의 신원을 확인한 때에는 제37조제1항에 따른 검증을 이행한 것으로 볼 수 있다. 이 경우 금융실명거래 및 비밀보장에 관한 법률(이하 '금융실명법'이라 한다)상 실명확인증표의 진위여부에 주의를 기울여야 한다.

1. 주민등록증 또는 운전면허증과 같이 고객의 사진이 부착되어 있으면서 제1항의 검증사항(연락처는 제외)을 모두 확인할 수 있는 실명확인증표로 고객의 신원을 확인한 경우
2. 학생·군인·경찰·교도소재소자 등에 대해 금융실명법상의 실명확인서류 원본에 의해 실명을 확인한 경우

③금융기관등은 개인고객이 제2항의 적용대상이 아닌 때에는 제1항에 따라 검증하여야 하는 신원확인정보에 대하여 정부가 발행한 문서 등에 의해 검증하는 등 추가적인 조치를 취하여야 한다.

제40조(법인고객의 검증 등) ①금융기관등이 검증하여야 하는 법인고객의 신원확인 정보는 다음 각 호와 같다.

1. 법인(단체)명

2. 실명번호

3. 본점 및 사업장의 주소·소재지(외국법인인 경우 연락 가능한 실제 사업장 소재지)

4. 업종(영리법인인 경우)

5. 설립목적(비영리법인인 경우)

②금융기관등은 법인고객이 다음 각 호와 같은 경우에는 제20조제2항에 따른 간소화된 고객확인을 할 수 있다.

1. 국가기관, 지방자치단체, 공공단체(영 제8조의5에 따른 공공단체)

2. 법 제2조 및 제11조에 따른 감독·검사의 대상인 금융기관등(카지노사업자 제외)

3. 주권상장법인 및 코스닥 상장법인 공시규정에 따라 공시의무를 부담하는 상장회사

③금융기관등은 법인고객이 제2항의 적용대상이 아닌 때에는 제1항에 따라 검증하여야 하는 신원확인정보에 대하여 정부가 발행한 문서 등에 의해 검증하는 등 추가적인 조치를 취하여야 한다.

제41조(실제당사자) ①금융기관등은 고객을 궁극적으로 지배하거나 통제하는 자연인(이하 '실소유자'라 한다)이 누구인지를 신뢰할 수 있는 관련정보 및 자료 등을 이용하여 자금세탁등의 위험도에 따라 그 신원을 확인하여야 한다.

②금융기관등은 법인고객의 실제 거래당사자 여부가 의심되는 등 고객이 자금세탁행위등을 할 우려가 있는 경우 실제 당사자 여부를 파악하기 위하여 필요한 조치를 하여야 한다.

제42조(추가 확인정보의 범위) ①금융기관등은 자금세탁등의 위험이 높은 것으로 평가된 고객에 대하여 금융거래의 목적 등 추가적인 정보를 확인하여야 한다.

②금융기관등이 제1항에 따라 개인고객에 대하여 확인하여야 할 추가정보는 다음 각 호와 같다.

1. 직업 또는 업종(개인사업자)

2. 거래의 목적

3. 거래자금의 원천

4. 기타 금융기관등이 자금세탁 우려를 해소하기 위해 필요하다고 판단한 사항

③금융기관등이 제1항에 따라 법인고객에 대하여 확인하여야 할 추가정보는 다음 각 호와 같다.

1. 법인구분 정보(대기업, 중소기업 등), 상장정보(거래소, 코스닥 등), 사업체 설립일, 홈페이지(또는 이메일) 등 회사에 관한 기본 정보

2. 거래자금의 원천

3. 거래의 목적

4. 금융기관등이 필요하다고 판단하는 경우 예상거래 횟수 및 금액, 회사의 특징이나 세부정보 등(주요상품/서비스, 시장 점유율, 재무정보, 종업원 수, 주요 공급자, 주요 고객 등)

④ 금융기관등이 제1항 내지 제3항을 이행하고자 할 때에는 고객에게 부당한 권리침해나 불편이 발생하지 않도록 주의하여야 한다.

제43조(요주의 인물 여부 확인) ①금융기관등은 금융거래가 완료되기 전에 다음 각 호와 같은 요주의 인물 리스트 정보와의 비교를 통해 당해 거래고객이 요주의 인물인지 여부를 확인할 수 있는 절차를 수립·운영하여야 한다.

1. 공중협박자금조달금지법에서 금융위원회가 고시하는 금융거래제한대상자 리스트
2. UN(United Nations)에서 발표하는 테러리스트 (Consolidated List of terrorists)
3. FATF에서 발표하는 비협조국가 리스트 (non‑cooperative countries and terri‑ tories) 및 FATF Statement에서 FATF 권고사항 이행취약국가로 발표한 리스트
4. 외국의 정치적 주요인물 리스트 등

②금융기관등은 고객이 제1항에 따른 요주의 인물에 해당하는 때에는 당해 고객과의 거래를 거절하거나 거래관계 수립을 위해 고위경영진의 승인을 얻는 등 필요한 조치를 취하여야 한다.

제44조(고객확인 및 검증거절시 조치 등) ①금융기관등은 고객이 신원확인 정보 등의 제공을 거부하는 등 고객확인을 할 수 없는 때에는 당해 고객과의 신규 거래를 거절할 수 있다. 이 경우 금융기관등은 법 제4조에 따른 의심되는 거래보고를 검토하여야 한다.

②금융기관등은 이미 거래관계는 수립하였으나 고객확인을 할 수 없는 때에는 당해 거래를 중단할 수 있다. 이 경우 금융기관등은 법 제4조에 따른 의심되는 거래보고를 검토하여야 한다.

제 6 절 전신송금

제45조(정의) 전신송금이란 고객이 계좌보유 여부를 불문하고 금융기관등을 이용하여 국내·외의 다른 금융기관등으로 자금을 이체하는 서비스를 말한다.

제46조(적용대상) 금융기관등은 100만원(외화의 경우 1천 미합중국달러 또는 그에 상당하는 다른 통화로 표시된 금액)을 초과하는 모든 국내·외 전신송금에 대하여 고객(송금자)과 관련된 정보를 확인하고 보관하여야 한다. 다만, 다음 각 호의 거래에는 적용하지 않을 수 있다.

1. 현금카드, 직불카드 또는 체크카드 등에 의한 출금을 위한 이체
2. 카드 가맹점에서 신용카드, 직불카드 또는 체크카드 등에 의한 상품 및 서비스 구입

에 대한 지불을 위한 이체

　3. 신용카드에 의한 현금 또는 대출서비스를 위한 이체

　4. 금융기관 상호간의 업무를 수행하기 위한 이체와 결제 등

제47조(송금 금융기관의 의무) 송금금융기관은 국내·외 다른 금융기관으로 자금을 이체할 때마다 다음 각 호의 송금관련 정보를 보관하고, 이를 중개금융기관 또는 수취금융기관에 제공하여야 한다.

　1. 송금자 성명

　2. 송금자의 계좌번호(계좌번호가 없는 경우 참조 가능한 단일번호)

　3. 국내송금의 경우 송금자의 실명번호 또는 고유번호

　4. 해외송금의 경우 송금자의 주소 또는 고유번호(또는 실명번호)

　5. 송금금액 및 송금일자

　6. 수취 금융기관명

　7. 수취인의 성명 및 계좌번호(계좌번호가 없는 경우 참조 가능한 단일번호)

제48조(중개 금융기관의 의무) 중개금융기관은 다음 각호의 정보를 송금금융기관으로부터 제공받아 이를 수취금융기관에 제공하여야 한다. 다만, 송금금융기관이 제공하지 않은 정보는 그러하지 아니하다.

　1. 제47조에 따라 송금금융기관이 제공한 정보

　2. 송금금융기관명

제49조(수취 금융기관의 의무) ①수취금융기관은 송금금융기관 또는 중개금융기관이 제공한 전신송금 관련 정보를 보관하여야 한다.

②수취금융기관은 완전한 송금자 정보(성명, 계좌번호, 주소 또는 주민등록번호, 다만 주민등록번호가 없는 경우 고객확인번호로 대체가능)가 없는 전신송금을 확인하고 처리할 수 있는 효과적인 위험기반 절차를 수립·운영하여야 한다.

③수취금융기관은 전신송금에 의해 제공받은 송금자 정보가 일부 누락된 경우에는 누락된 정보의 제공을 송금 또는 중개금융기관에 요구하거나 거래를 거절할 수 있다.

④수취금융기관은 제3항에 따른 정보의 누락이 있는 경우에는 의심되는 거래보고를 검토하여야 한다.

제50조(관련정보의 보관) 송금금융기관·중개금융기관·수취금융기관은 전신송금과 관련된 송금자 정보를 당해 거래 완료 후 5년간 보관하여야 한다.

제51조(적용예외) 이 절의 규정 중 국내 전신송금과 관련된 사항은 법 또는 금융실명법 등 관련법이 개정되기 전까지 적용하지 않는다.

제 7 절   제3자를 통한 고객확인 이행

제52조(정의) 제3자를 통한 고객확인이란 금융기관등이 금융거래를 할 때마다 자신을 대신하여 타인인 제3자로 하여금 고객확인 하도록 하거나 타인인 제3자가 이미 당해고객에 대하여 고객확인을 통해 확보한 정보 등을 자신의 고객확인에 갈음하여 이를 활용하는 것을 말한다.

제53조(이행요건) 금융기관등이 제3자를 통해 고객확인을 하고자 하는 경우 다음 각 호를 충족하여야 한다.

　　1. 제3자는 고객확인과 관련된 필요한 정보를 금융기관등에 즉시 제공할 것
　　2. 제3자는 금융기관등의 요구가 있는 경우 고객신원정보 및 기타 고객확인과 관련된 문서사본 등의 자료를 지체없이 제공할 것
　　3. 제3자가 자금세탁방지등과 관련하여 감독기관의 규제 및 감독을 받고 있어야 하고, 고객확인을 위한 조치를 마련하고 있을 것.
　　4. 제3자가 국외에 거주하는 자인 경우 FATF의 권고사항을 도입하여 효과적으로 이행하고 있는 국가에 거주하는 자에 한하며, 그 국가가 동 권고사항을 적절하게 준수하는지를 점검할 것

제54조(최종책임) 제52조에 따라 고객확인을 제3자가 하는 경우 최종책임은 당해 금융기관등에 있다

제 4 장   고위험군에 대한 강화된 고객확인

제 1 절   통 칙

제55조(정의) ①자금세탁등의 고위험군이란 제30조제3항 및 제31조제3항에 따른 고객 또는 상품 및 서비스 등을 말한다.

　②금융기관등은 제1항에 따른 고위험군에 대하여 강화된 고객확인을 하여야 하며, 이를 위해 적절한 조치를 취하여야 한다.

제56조(타 고위험군에 대한 조치) 금융기관등은 제55조제1항에 따른 고위험군 및 이 장에서 별도로 규정하지 아니한 고위험군에 대하여도 제55조제2항에 따라 필요한 조치를 취하여야 한다.

제 2 절   환거래계약

제57조(정의) 환거래계약이란 은행(환거래은행)이 금융상품 및 서비스(환거래서비스)를 국

외의 은행(환거래요청은행)의 요청에 의해 제공하는 관계를 수립하는 것을 말한다.

제58조(주의의무 등) ①환거래은행이 제57조에 따라 환거래계약을 체결하는 경우 이와 관련된 자금세탁등의 위험을 예방하고 완화할 수 있도록 필요한 절차와 통제방안을 수립 및 운용하여야 한다.

②환거래은행은 실제로 존재하지 않는 은행 또는 감독권이 미치지 않는 지역 또는 국가에 설립된 은행(이하 '위장은행'이라 한다)과 제57조에 따른 환거래계약을 체결하거나 거래를 계속할 수 없다.

③환거래은행은 제2항에 따른 위장은행이 환거래요청은행의 환거래계좌를 이용하지 않도록 적절한 조치를 취해야 한다.

제59조(환거래계약 조치 등) ①환거래은행은 환거래계약을 체결하는 경우 당해 환거래요청은행에 대해 다음 각 호의 조치를 취하여야 한다.

1. 환거래요청은행의 지배구조, 주요 영업활동, 주된 소재지(또는 국가) 등에 관한 정보 수집을 통한 영업 또는 사업 성격을 확인
2. 입수 가능하거나 공개된 정보 등을 통해 환거래요청은행의 평판, 자금세탁등과 관련된 조사 또는 규제대상 여부 등의 감독수준 평가
3. 환거래요청은행이 주로 소재하는 지역(또는 국가)에 대한 자금세탁방지등의 조치와 환거래요청은행의 자금세탁방지등의 통제수단의 적절성 및 효과성 평가
4. 환거래은행 및 환거래요청은행간 자금세탁방지등 각각의 책임의 문서화

②환거래은행은 환거래요청은행이 자신의 고객에게 환거래계좌를 직접 이용하여 거래할 수 있는 서비스(이하 '대리지불계좌'라 한다)가 환거래계약에 포함되어 있는 경우 제1항 각 호의 조치와 함께 다음 각 호의 조치를 하여야 한다.

1. 환거래요청은행이 대리지불계좌를 통해 거래하고자 하는 자신의 고객에 대해 고객확인
2. 환거래요청은행은 환거래은행이 요청하는 경우 해당 고객의 신원확인과 관련된 정보의 제공

제60조(환거래계약 승인) 환거래은행은 새로운 환거래계약을 체결하는 경우 미리 임원 등 고위경영진의 승인을 얻어야 한다.

제 3 절 추가정보 확인이 필요한 종합자산관리서비스 고객

제61조(정의 등) ①제30조 제3항 제1호에서 말하는 종합자산관리서비스를 받는 고객 중 추가정보 확인이 필요한 고객이란 금융기관등으로부터 투자자문을 비롯한 법률, 세무 설계

등 종합적인 자산관리서비스를 제공받는 고객 중 금융기관 등이 추가정보 확인이 필요하다고 판단한 고객을 말한다.

②금융기관등은 자체 기준을 마련하여 제1항의 추가정보 확인이 필요한 고객을 선정하여야 한다.

③금융기관등은 제1항의 추가정보 확인이 필요한 고객과 관련된 자금세탁등의 위험을 예방하고 완화할 수 있도록 필요한 절차와 통제방안을 수립·운용하여야 한다.

제62조(강화된 고객확인) ①금융기관등은 제61조 제1항의 추가정보 확인이 필요한 고객에 대하여 제20조제3항에 따라 강화된 고객확인을 하여야 한다.

②금융기관등은 제61조 제1항의 추가정보 확인이 필요한 고객으로 선정되었거나 신규로 편입된 고객이 계좌를 신규로 개설하는 때에는 다음 각 호에 대하여 관리자의 검토 및 승인을 얻어야 한다.

1. 강화된 고객확인을 통해 획득한 신원정보 등의 적정성
2. 거래의 수용여부 등

제63조(모니터링) ①금융기관등은 위 제61조 제1항의 추가정보 확인이 필요한 고객의 금융거래를 지속적으로 모니터링하여야 한다.

②금융기관등은 자금세탁등의 위험이 특히 높다고 판단되는 위 제61조 제1항의 추가정보 확인이 필요한 고객에 대해서는 업무상 또는 조직체계상 금융거래 승인부서와 독립된 부서의 상위 책임자가 지속적으로 모니터링 하도록 조치하여야 한다.

제 4 절 외국의 정치적 주요인물

제64조(정의 등) ①외국의 정치적 주요인물이란 현재 또는 과거(일반적으로 사임 후 1년 이내)에 외국에서 정치적·사회적으로 영향력을 가진 자, 그의 가족 또는 그와 밀접한 관계가 있는 자를 말한다.

②제1항에 따른 정치적·사회적으로 영향력을 가진 자란 다음 각 호와 같다.

1. 외국정부의 행정, 사법, 국방, 기타 정부기관의 고위관리자
2. 주요 외국 정당의 고위관리자
3. 외국 국영기업의 경영자
4. 왕족 및 귀족
5. 종교계 지도자
6. 외국의 정치적 주요인물과 관련되어 있는 사업체 또는 단체

③제1항에 따른 가족 또는 밀접한 관계가 있는 자들이란 다음 각 호와 같다.

1. "가족"은 외국의 정치적 주요인물의 부모, 형제, 배우자, 자녀, 혈연 또는 결혼에 의한 친인척

2. "밀접한 관계가 있는 자"는 외국의 정치적 주요인물과 공식적으로 특별한 금전거래를 수행하는 자

제65조(확인 절차) 금융기관등은 고객 또는 실소유자가 외국의 정치적 주요인물인지를 판단할 수 있도록 적절한 절차를 마련하여야 한다.

제66조(고위경영진의 승인) 금융기관등은 외국의 정치적 주요인물과 관련하여 다음 각 호의 어느 하나에 해당하는 때에는 고위경영진의 승인을 얻어야 한다.

1. 외국의 정치적 주요인물이 신규로 계좌를 개설하는 경우 그 거래의 수용
2. 이미 계좌를 개설한 고객(또는 실소유자)이 외국의 정치적 주요인물로 확인된 경우 그 고객과 거래의 계속 유지

제67조(강화된 고객확인) 금융기관등은 고객(또는 실소유자)이 외국의 정치적 주요인물로 확인된 때에는 제20조제3항에 따라 강화된 고객확인을 이행하여야 한다. 이 경우 다음 각 호의 정보를 추가로 확인하는 등 재산 및 자금의 원천을 파악하기 위해 합당한 조치를 취하여야 한다.

1. 계좌에 대한 거래권한을 가지고 있는 가족 또는 밀접한 관계가 있는 자에 대한 신원정보
2. 외국의 정치적 주요인물과 관련된 법인 또는 단체에 대한 정보

제68조(모니터링) ①금융기관등은 이미 계좌를 개설한 고객이 외국의 정치적 주요인물인지 여부를 확인하기 위해 지속적으로 모니터링하여야 한다.
②금융기관등은 외국의 정치적 주요인물인 고객과 거래가 지속되는 동안 거래모니터링을 강화하여야 한다.

제 5 절 FATF 비협조 국가

제69조(정의) FATF 비협조국가란 다음 각호의 리스트에 속한 국가를 말한다.

1. FATF에서 발표하는 비협조 국가리스트 (non-cooperative countries and territories)
2. FATF Statement에서 FATF 권고사항 이행 취약국가로 발표한 국가리스트

제70조(특별 주의의무 등) ①금융기관등은 FATF 비협조 국가의 고객(개인, 법인, 금융기관등)과 거래하는 경우 특별한 주의를 기울여야 한다.
②금융기관등은 FATF 비협조 국가의 고객에 대하여 자금세탁등의 위험을 평가할 수 있는 절차를 수립하여 운영하여야 한다.

제71조(거래목적 확인 등) ①금융기관등은 FATF 비협조국가의 고객과 금융거래를 하는 경우 명확한 경제적 또는 법적 목적을 확인할 수 없을 때에는 당해 거래의 배경과 목적을

최대한 조사하여야 한다.

②금융기관등은 금융정보분석원장의 요청이 있는 경우 제1항에 따른 결과를 제공하여야 한다.

제72조(대응조치) ①금융기관등은 제69조에 따른 FATF 비협조국가의 고객과 거래하는 경우 다음 각 호를 포함한 적절한 조치를 취하여야 한다.

1. FATF 비협조국가의 고객에 대한 강화된 고객확인
2. FATF 비협조국가의 고객의 거래에 대한 모니터링 강화 및 의심되는 거래보고 체계 등 강화

②금융기관등은 금융정보분석원장이 제1항에 따른 조치 이외에 별도의 조치를 취하도록 요청하는 경우 이를 이행하여야 한다.

제 6 절 공중협박자금조달 고객

제73조(정의 등) ①공중협박자금조달고객이란 다음 각 호와 같다.

1. 금융위원회가 공중협박자금조달과 관련하여 고시하는 금융거래제한대상자
2. UN에서 발표하는 테러리스트

②공중협박자금이란 「공중 등 협박목적을 위한 자금조달행위의 금지에 관한 법률」 제2조제1호의 정의에 따른다.

③금융기관등은 공중협박자금조달고객과 관련된 자금세탁등의 위험을 예방하고 완화시킬 수 있도록 필요한 절차 및 통제방안을 마련하여야 한다.

제74조(강화된 고객확인) 금융기관등은 「공중 등 협박목적을 위한 자금조달행위의 금지에 관한 법률」 제4조제1항에 따른 금융거래제한대상자로서 같은법 제4조제3항에 따라 금융위원회로부터 금융거래의 허가를 받은 자와 금융거래를 하는 때에는 제20조제3항에 따른 강화된 고객확인을 이행하여야 한다.

제75조(모니터링) ①금융기관등은 이미 계좌를 개설한 고객이 공중협박자금조달고객인지 여부를 확인하기 위해 지속적으로 모니터링하여야 한다.

②금융기관등은 공중협박자금조달 고객과 거래가 지속되는 동안 거래모니터링을 강화하여야 한다.

제 5 장 위험기반 거래모니터링 체계

제76조(거래모니터링체계 범위) ①금융기관등은 고객의 거래 등에 대하여 지속적으로 모니터링할 수 있는 체계를 수립 및 운영하여야 한다.

②금융기관등은 제1항에 따른 지속적인 거래 모니터링체계를 수립하는 경우 다음 각 호

의 사항이 포함되도록 하여야 한다.

1. 고객의 거래 등에 대한 지속적인 모니터링 수행 방법 등
2. 거래점검 결과 분석 및 보고
3. 분석자료 보존절차

제77조(비정상적 거래 등) ①금융기관등은 다음 각 호의 경우를 포함하여 명확한 경제적·법적 목적 없이 복잡하거나, 규모가 큰 거래, 비정상적인 유형의 거래에 대해 특별한 주의를 기울여야 한다.

1. 거래금액이나 거래량이 지나치게 큰 경우
2. 잔액 규모에 비해 예금회전수가 지나치게 큰 경우
3. 거래가 정상적인 계좌활동의 유형에서 벗어나는 경우 등

②금융기관등은 제1항에 따른 비정상적 거래 등에 대해 그 배경과 목적을 최대한 검토하여야 한다.

③금융기관등은 제2항에 따른 검토 결과를 기록·관리하여야 한다.

제78조(지속적인 거래모니터링 절차 등) 금융기관등은 자금세탁등을 예방하기 위해 다음 각 호의 절차와 방법 등과 같은 거래모니터링을 통해 비정상적인 거래행위 또는 유형 등을 식별하는 절차를 마련하여야 한다.

1. 고객의 수집·정리된 정보 또는 유사한 고객그룹의 수집·정리된 정보와 고객의 거래이력 비교 및 검토
2. 과거 자금세탁 사례의 정형화를 통한 고객 거래정보와의 비교 및 검토
3. 고객 거래정보에 대한 자금세탁 위험도 측정 및 거래내역 평가
4. 고객, 계좌 및 거래정보의 연계를 통한 금융거래 패턴 분석 등

제79조(결과 분석 등) 금융기관등은 거래모니터링을 통해 식별된 비정상적인 거래행위 또는 유형을 분석하고 이를 의심되는 거래로 보고하기 위해 다음 각 호의 절차를 갖추어야 한다.

1. 비정상적인 거래행위로 의심되는 거래를 분석할 수 있는 직원을 담당자로 지정
2. 과거 금융거래, 신용정보, 기타 정보 등을 활용한 거래 분석
3. 분석 과정에서 확인된 고객의 최신 정보 갱신
4. 분석결과 의심되는 거래로 판단될 경우 금융정보분석원장에게 보고
5. 분석 완료 후 유사거래의 재발 방지를 위한 분석내용 정보화

제80조(분석자료 보존) 금융기관등은 금융정보분석원 등 관련기관에 정보를 제공할 수 있도록 관련자료를 보존체계에 따라 5년 이상 보존하여야 한다.

제 6 장 보고체제 수립

제81조(보고체제수립) 금융기관등은 법 제4조 및 제4조의2에 따른 보고(이하 '의심되는 거래 등 보고'라 한다)를 위해 자신의 지점 등 내부에서 보고책임자에게 보고하는 내부보고체제와 이를 금융정보분석원에 보고하는 외부보고체제를 수립하여야 한다.

제82조(내부보고체제) ①금융기관등이 제81조에 따라 내부보고체제를 수립하는 때에는 다음 각 호의 방법을 참고할 수 있다.

　　1. 지점 직원이 의심되는 거래 등 보고서를 작성하여 지점의 담당책임자에게 보고하고 담당책임자는 이를 검토하여 보고책임자에게 보고

　　2. 지점 직원이 의심되는 거래 등 보고서를 작성하여 보고책임자에게 보고

　　3. 지점 직원이 의심되는 거래 등 발생 사실을 보고서 작성 없이 보고책임자에게 직접 보고

　②금융기관등이 내부보고체제를 수립하는 경우 보고 여부 검토자 또는 보고책임자는 제1항에 따른 보고서 작성자가 될 수 없다. 다만, 소규모 금융기관등의 경우에는 그러하지 아니하다.

제83조(외부보고체제) 금융기관등은 제81조에 의해 수립된 내부보고체제에 따라 보고서를 작성한 경우 이를 보고책임자가 금융정보분석원장에게 보고할 수 있는 외부보고체제를 수립하여야 한다.

제 7 장 자료 보존

제84조(보존기간) ①금융기관등은 고객확인기록, 금융거래기록, 의심되는 거래 및 고액현금거래 보고서를 포함한 내·외부 보고서 및 관련 자료 등을 5년 이상 보존하여야 한다.

제85조(보존대상) ①금융기관등이 고객확인기록과 관련하여 보존해야 할 자료는 다음 각 호와 같다.

　　1. 고객(대리인, 실소유자 포함)에 대한 고객확인서, 실명확인증표 사본 또는 고객신원정보를 확인하거나 검증하기 위해 확보한 자료

　　2. 고객신원정보 외에 금융거래의 목적 및 성격을 파악하기 위해 추가로 확인한 자료

　　3. 고객확인을 위한 내부승인 관련 자료

　　4. 계좌개설 일시, 계좌개설 담당자 등 계좌개설 관련 자료 등

　②금융기관등이 금융거래기록과 관련하여 보존해야 할 자료는 다음 각 호와 같다.

1. 거래에 사용된 계좌번호, 상품 종류, 거래일자, 통화 종류, 거래 금액을 포함한 전산 자료나 거래신청서, 약정서, 내역표, 전표의 사본 및 업무서신

2. 금융거래에 대한 내부승인 관련 근거 자료 등

③금융기관등이 내·외부 보고와 관련하여 보존해야 할 자료는 다음 각 호와 같다.

1. 의심되는 거래 보고서(사본 또는 결재 양식) 및 보고대상이 된 금융거래 자료

2. 의심되는 합당한 근거를 기록한 자료

3. 의심되는 거래 미보고 대상에 대하여 자금세탁등의 가능성과 관련하여 조사하였던 기록 및 기타 자료

4. 자금세탁방지업무 보고책임자의 경영진 보고서 등

④금융기관등은 제1항부터 제3항에 따른 자료 외에 다음 각호의 자료를 5년간 보존하여야 한다.

1. 자금세탁방지등을 위한 내부통제 활동의 설계·운영·평가와 관련된 자료

2. 독립적인 감사수행 및 사후조치 기록

3. 자금세탁방지등에 관한 교육내용, 일자, 대상자를 포함한 교육 관련 사항 등

제86조(보존방법) ①금융기관등은 제85조에 따른 자료를 보존·관리하기 위한 절차를 수립 및 운영하여야 한다.

②금융기관등은 원본, 사본, 마이크로필름, 스캔, 전산화 등 다양한 형태로 내부관리 절차에 따라 보존할 수 있다.

③금융기관등은 보고책임자의 책임하에 보안이 유지되도록 보존자료를 관리하여야 한다.

④금융기관등은 금융정보분석원장 또는 법 제11조제3항에 따라 검사업무를 위탁받은 기관의 장이 제85조에 따른 자료를 요구하는 때에는 적시에 제공하여야 한다. 다만, 법 제11조제3항에 따라 검사업무를 위탁받은 기관의 장이 요구하는 경우에는 법 제4조의 규정에 의한 관련자료는 제외한다.

제87조(보존장소) 금융기관등은 보존대상 자료를 본점 또는 문서보관소('본점 등')에 보존하여야 한다. 다만, 보존대상 자료를 본점 등에 보존하는 것이 현저히 곤란할 때에는 다른 장소에 보존할 수 있다.

부 칙(10.6.21)

이 규정은 2010년 7월 30일부터 시행한다.

∽ 맺음말 ∽

고객확인제도와 관련한 이해를 높이고 업무에 도움을 드리고자 시작한 집필 작업이 원문에 충실한 번역을 하려다 보니 생각보다 시간이 오래 걸리고, 과연 어떠한 수준까지 상세히 언급하는 것이 좋은 것인지 개인적 판단도 어려웠습니다.

따라서 CDD와 관련된 모든 분야를 총망라하고 싶었던 처음의 의도와는 달리 일단 FATF 권고사항에서 언급하고 있는 CDD와 동일한 분야(R10) 위주로 글을 쓰고 마치게 되었습니다.

저는 이것을 일단 『고객확인제도 올바로 이해하기』 상권으로 명명하고자 합니다. 상권은 그야말로 CDD에 대한 총론이라 할 수 있으며, 본서를 통해 CDD 업무에 대한 기본적 이해도를 충분히 제고할 수 있을 것이라 생각합니다.

또한 국제기준이 요구하는 조치들의 배경이 무엇이고 현재 우리 법제와의 간극(gap)은 어떠한지를 파악함으로써, 향후 우리 법규 및 감독·검사가 어떤 방향으로 흘러갈 것이라는 것을 예측하고 대비하는 데도 도움이 될 것입니다.

향후 저자가 개인적 충전을 한 후에 소위 각론이라 할 수 있는 정치적 주요인물(PEPs), 환거래은행, 전신송금, 제3자를 통한 고객확인, 고위험국가 등의 CDD와 관련이 깊은 FATF의 타 권고사항에 대해서도 하권을 통해 다시 만날 수 있게 되기를 희망합니다.

끝으로 자금세탁방지업무를 담당하고 있는 모든 분들께서 동 업무를 통하여 새로운 국제적 금융기준에 대한 전문성과 보람을 함께 찾으시기를 기원드리며 글을 마칩니다.

2016년 4월
저자 이민섭

참고 문헌

금융정보분석원, 연차보고서, 2004, 2005.

금융정보분석원, 한국의 자금세탁방지제도, 2002.

성낙인, 권건보, 자금세탁방지제도 강화를 위한 법률적 장치에 대한 연구, 재정경제부,
　2004.

안형도 外, FATF 40 개정에 따른 국내제도 개선방안, 대외경제정책연구원, 2003.

이장영, 강임호, 이상제, 고객주의의무 도입방안 연구, 한국금융연구원, 2003.

이민섭, 전치활 등, 강화된 고객확인제도(EDD) Q&A, 금융정보분석원, 2009.

장일석, 자금세탁방지제도의 이해, 2011.

전국은행연합회, 금융실명거래 업무해설, 2010.

전치활, 김대현, 이민섭, 알기쉬운 자금세탁방지제도, 2009.

BASEL, CDD 보고서, 2001.

FATF-APG 상호평가 보고서(총회 보고서), 2009.

FATF 권고사항, 평가방법론 및 주석서, 1990, 1996, 2003, 2012.

FATF, GUIDANCE FOR A RISK-BASED APPROACH THE BANKING SECTOR,
　2014.

저자 약력

학력	영동고, 건국대, 연세행정대학원 졸업
실적	'08년 AML 지침 작성 가이드라인 마련
	'09년 FATF 상호평가(금융 부문) 수검
	'10년 AML/CFT 업무규정 제정
	'14년 실제 소유자 확인제도 도입 관련 법 개정 지원 등
경력	(現) 금융정보분석원 제도운영과 행정사무관
저서	강화된 고객확인 Q&A(공저)
	알기쉬운 자금세탁방지제도(공저)

고객확인제도(CDD) 올바로 이해하기

초판인쇄	2016년 4월 15일
초판발행	2016년 4월 29일
지은이	이민섭
펴낸이	안종만
편 집	배근하
기획/마케팅	최봉준
표지디자인	조아라
제 작	우인도 · 고철민
펴낸곳	(주) **박영사**
	서울특별시 종로구 새문안로3길 36, 1601
	등록 1959. 3. 11. 제300-1959-1호(倫)
전 화	02)733-6771
f a x	02)736-4818
e-mail	pys@pybook.co.kr
homepage	www.pybook.co.kr
ISBN	979-11-303-0298-0 93320

copyright©이민섭, 2016, Printed in Korea

정 가   24,000원